일리아스 또는 힘의 시

일리아스

시몬 베유 지음 이종영 옮김

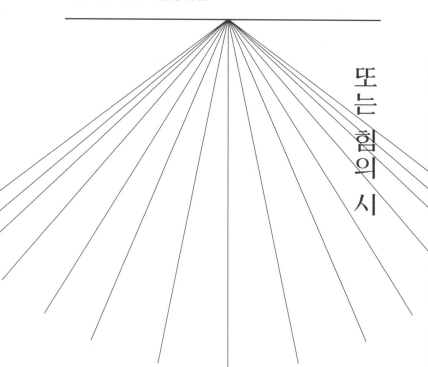

또는 힘의 시

차례

일러두기

1 이 책은 Simone Weil, "L'*Iliade* ou le poème de la force", *Œuvres complètes*, II-3, Gallimard, 1989, pp. 227~253과 "Y a-t-il une doctrine marxiste?", *Œuvres complètes*, V-1, Gallimard, 2019, pp. 306~329를 우리말로 옮긴 것입니다.

2 「일리아스 또는 힘의 시」의 각주 2를 제외한 모든 각주는 옮긴이 주입니다.

3 단행본은 겹낫표로, 논문과 시 등은 낫표로 묶어 주었습니다.

일리아스

_____

또는 힘의 시

일리아스 또는 힘의 시[1]

『일리아스』의 진짜 주인공, 진짜 주제, 중심은 힘입니다.[2] 사람들이 행사하는 힘, 사람들을 종속시키는 힘, 그 앞에 서면 몸이 움츠러드는 힘 말입니다. 사람의 영혼은 힘과의 관계 속에서 끊임없이 변합니다. 자신이 지녔다고 생각하는 힘에 빠져들고 눈이 멀어서, 자신에게 행사되는 강제적 힘으로 인해 휘어져서 말입니다. 힘은 이제 역사의 진보에 따라 과거의 것이 됐다고 꿈꿨던 사람들은 이 시에서 증거 자료를 봤을 것입니다. 모든 인간

1 「일리아스 또는 힘의 시」는 1938년부터 1939년 사이에 쓴 것으로 『남부 평론』*Les Cahiers du Sud* 230호(1940년 12월)와 231호(1941년 1월)에 실렸고, 『전집』II-3권(Gallimard, 1989)과 『선집』*Œuvres*(Gallimard, 1999)에 수록되어 있으며, 문고판(Editions de l'éclat, 2014)으로도 출판됐습니다.
2 〔원주〕 모든 『일리아스』 인용문은 새롭게 번역한 것입니다. 각각의 줄은 그리스어의 한 행을 번역했고, 행간 걸침les rejets et enjambements도 철저히 존중했습니다. 또 가능한 한도 내에서, 행 안에서의 그리스어 단어들의 순서를 존중했습니다. 〔옮긴이〕 옮긴이는 베유 자신의 번역과 번역 원칙을 최대한 존중해서 『일리아스』 인용문들을 옮겼습니다. 따라서 천병희 선생님께서 번역하신 『일리아스』의 훌륭한 한글판(숲, 2016)을 이 번역에 반영할 수 없었습니다.

역사의 핵심 속에서, 옛날과 마찬가지로 오늘날에도, 힘을 찾아낼 수 있는 사람들은 이 시에서 거울을 볼 겁니다. 가장 아름답고 깨끗한 거울을.

힘은 자신에게 종속된 사람을 사물로 만들어 버립니다. 끝까지 행사되는 힘은 사람을 문자 그대로 사물로 만듭니다. 사람을 시체로 만들기 때문입니다. 누군가가 있었습니다. 하지만 잠시 후엔 아무도 없습니다. 이는 『일리아스』가 우리에게 끊임없이 제시하는 광경입니다.

〔…〕 말들은
전쟁터의 길들을 따라 덜컹거리며 텅 빈 전차를 끌고 갔다.
흠잡을 데 없던 기마병들을 잃고서. 땅에 쓰러진 기마병들은
아내가 아니라 독수리에게 훨씬 소중한 존재가 되었다. (11권
    159~162)[3]

영웅은 이제 전차 뒤에 먼지를 날리며 끌려가는 물질이 되었습니다.

〔…〕 그 주위로 그의 검은
머리카락들이 흩어지고 그토록 아름답던 얼굴은
온통 흙먼지에 휩싸였다. 이번엔 제우스가 그의 적들에게

---

3 아가멤논과 헥토르의 전투 장면입니다.

허락했기 때문이다. 고향 땅에서 그에게 치욕을 가하도록. (22권
   401~404)[4]

우리는 이 광경의 쓰라림을 있는 그대로 맛봅니다. 거짓된
위로로 윤색되지 않은 채로. 어떤 불멸성의 위안도 없이. 영광이
나 조국 같은 무의미한 광채 없이.

그의 영혼은 사지四肢를 떠나 날아올라 지옥Hadès으로 갔다.
운명을 슬퍼하면서, 남성성과 젊음을 버리고. (22권 362~363)[5]

다른 세계, 평화와 가족이 있는 덧없고도 정겨운 먼 곳의 세
계, 각각의 사람이 그를 둘러싼 사람들에겐 가장 소중한 그 세계
에 대한, 급작스럽게 스쳐 가는 환기는 고통스러운 대조로 인해
더욱 폐부를 찌릅니다.

그녀는 외쳤다. 아름다운 머리를 한 집 안의 하녀들에게.
불 위에 커다란 세발 솥을 올리라고. 그리하여
헥토르가 전쟁터에서 돌아와 따뜻한 물로 목욕할 수 있도록.
가여워라! 그녀는 몰랐으니. 따뜻한 목욕과는 한참 먼 곳에서

   4   헥토르의 시신이 전차 끝에 발목이 매달려 끌려가는
   광경입니다.
   5   헥토르가 죽는 장면입니다.

녹색 눈을 한 아테나의 사주로 아킬레우스의 팔이 그를

굴복시켰다는 것을. (22권 442~446)

물론 불쌍한 헥토르는 따뜻한 목욕과는 아련히 먼 곳에 있습니다. 그 혼자만 그런 게 아니지요. 『일리아스』의 거의 전부가 따뜻한 목욕과는 멀리 동떨어져 펼쳐집니다. 인류의 삶 거의 전체가 언제나 따뜻한 목욕과는 아련히 동떨어져 펼쳐졌었습니다.

사람을 죽이는 힘은 단순한 힘, 정제되지 않은 힘입니다. 다른 힘, 사람을 죽이지 않는 힘은 펼쳐짐이 얼마나 다양하고 효과들이 얼마나 놀라운가요! 하지만 그 힘 또한 아직 죽이지 않은 힘일 뿐입니다. 그 힘은 틀림없이 죽일 것입니다. 아니라면 아마도 죽이게 될 것입니다. 또는 언제든 죽일 수 있는 상대의 태도에 따라 달라질 것입니다. 어쨌거나 그 힘은 사람을 돌멩이로 만듭니다. 사람을 죽여 사물로 만들 수 있는 권력에서, 아주 다른 방식으로 놀라운 또 다른 권력이 파생됩니다. 살아 있는 사람을 사물로 만드는 권력이 그것입니다. 그는 살아 있습니다. 그는 영혼을 갖고 있습니다. 하지만 그는 사물입니다. 영혼을 가지고 있는 사물이란 아주 야릇한 존재입니다. 즉 영혼이 야릇한 상태에 처한 것이지요. 매 순간 그 영혼이 그 상태에 적응하려고, 스스로를 휘어지게 하려고, 자신 속으로 도망치려고 얼마나 애썼을지 누가 감히 짐작이나 할 수 있을까요? 영혼은 사물에 거주하라고 만들어진 게 아닙니다. 그럼에도 그럴 수밖에 없도록 강제된다면, 영혼의 모든 것이 폭력으로 고통받을 겁니다.

무기가 겨누어진, 무장 해제되고 발가벗겨진 사람은 건드려지기도 전에 이미 시체입니다. 한순간 그는 궁리하고 뒤척이고 간구합니다.

아킬레우스는 생각했다. 움직이지 않은 채. 뤼카온이 공포에 떨며
    다가와
애타게 무릎을 붙잡으려 했다. 그는 가슴속으로부터 원했다.
나쁜 죽음과 어두운 운명을 피할 수 있기를. (21권 64~66)
〔…〕
한 손으로 그는 아킬레우스의 무릎을 꼭 붙잡고 간청하고
다른 손으론 날카로운 창을 쥔 채 놓지 않고서 〔…〕 (21권 71~72)[6]

하지만 그는 곧바로 깨닫습니다. 무기가 그를 비껴가지 않으리라는 것을. 아직 숨을 쉬고 있지만 그는 단지 물질일 뿐입니다. 생각을 하지만 더 이상 아무것도 생각할 수 없는.

프리아모스의 영특한 아들은 그렇게 말했다.
간청하는 단어들로. 그가 들은 건 단호한 말이었다. (21권 97~98)
〔…〕
아킬레우스가 말하자 뤼카온의 무릎과 심장이 무너졌다.

6 아킬레우스가 프리아모스의 아들인 뤼카온을 죽이기 직전의 장면입니다.

그는 창을 떨어뜨리고 주저앉았다. 손을 뻗은 채.

두 손을. 아킬레우스는 날카로운 칼을 뽑아

목 아래 쇄골을 내려쳤다. 몸속에

두 개의 날을 가진 칼이 온전히 파고들자 그는 얼굴을 부딪치며 땅에

길게 누웠다. 그러고선 검은 피가 흘렀다. 땅을 적시면서.(21권 114~119)

전투 상황이 아닌 때 어떤 허약하고 무기도 없는 이방인이 전사戰士에게 애원을 한다면, 그를 죽일 아무런 이유가 없습니다. 그럼에도 전사는 잠시 인내심을 잃으면 언제든 그를 죽일 수 있지요. 그것으로 충분합니다. 애원하던 사람의 몸이 살아 있는 몸의 기본적 성격을 잃는 데는 말입니다. 살아 있는 살덩어리는 무엇보다 소스라침을 통해 삶을 표현합니다. 개구리의 뒷다리는 전기 충격을 받으면 소스라칩니다. 무시무시하고 소름 끼치는 어떤 것과 접촉하거나 그와 유사한 걸 목격하면 살, 신경, 근육의 뭉텅이가 소스라칩니다. 다만 다음과 같이 애원하는 사람은 떨거나 전율하지 않습니다. 그는 더 이상 그럴 수가 없는 것입니다. 그의 입술은 그를 제일 겁에 질리게 했던 대상에 키스합니다.

사람들은 위대한 프리아모스가 들어오는 것을 보지 못했다.

프리아모스는 멈춰 서

아킬레우스의 무릎을 붙잡고선 그의 두 손에 입을 맞췄다.

끔찍한, 사람을 죽이는, 자기 아들들을 그토록 많이 살해한 두 손에.

　(24권 477~479)[7]

그 정도로까지 불행의 나락에 떨어진 사람의 모습은 우리를 얼어붙게 합니다. 시체를 목격할 때 얼어붙는 것처럼 말입니다.

마치 참혹한 불행이 어떤 사람을 사로잡아, 자신의 나라에서

누군가를 죽이고 다른 나라의 어떤 부잣집을 찾아오면

한기寒氣가 그를 목격한 사람들을 엄습하듯,

그렇게 아킬레우스는 신성한 프리아모스를 보고 전율했고

다른 사람들도 전율하면서 서로 얼굴을 바라보았다. (24권

　480~484)

하지만 그건 잠시뿐이었습니다. 그 불행한 사람의 현존은 곧바로 잊힙니다.

노인은 말했고, 아킬레우스는 자신의 아버지를 떠올리곤 통곡하고

　싶어졌다.

그래서 노인의 팔을 잡고 약간 밀어냈다.

　　　7　프리아모스가 아들 헥토르의 시신을 돌려달라고 간청하기 위해 아킬레우스에게 다가가는 장면입니다.

일리아스 또는 힘의 시　　　　　　　　　　　　**14**

둘 모두 추억을 떠올렸다. 한 사람은 사람들을 죽인 헥토르를
　떠올리며
흐느껴 울었다. 아킬레우스의 발 앞에서 땅에 엎드려.
아킬레우스도 울었다. 아버지를 위해, 때로는 파트로클로스를
　위해.
그들의 흐느낌이 집을 가득 채웠다. (24권 507~512)

　아킬레우스가 자신의 무릎을 붙잡고 있는 프리아모스를 밀
어낸 건 냉담함 때문이 아닙니다. 늙은 아버지를 떠올리게 한 프
리아모스의 말이 그를 감동시켜 눈물을 흘리게 했으니까요. 단
지 아킬레우스는 그 순간 프리아모스를 애원하는 사람이 아니
라 무릎을 붙잡은 부동의 물체처럼 느껴서 태도와 움직임을 자
유롭게 취했을 것입니다. 우리를 둘러싼 사람들은 그들의 현존
만으로도 권력을 갖습니다. 그들 자신에게만 속하는 권력을 말
입니다. 우리 몸이 취하려는 동작들을 멈추고 금지하고 바꾸게
하는 권력이 그것입니다. 물론 길 가는 어떤 행인이 일종의 안내
판처럼 우리의 걸음걸이의 방향을 바꾸게 하진 않습니다. 하지
만 우리가 방에 혼자 있을 땐, 손님이 와 있을 때와 똑같은 방식
으로 일어나거나 걷거나 다시 앉거나 하지 않는다는 것이지요.
그런데 죽이려는 생각이 생겨나기도 전에 인내심을 결여한 동
작이 생명을 앗아 버릴 수 있는 사람들에게는 사람의 현존이 갖
는 이처럼 정의하기 어려운 영향력이 없습니다. 사람을 그처럼
죽이는 전사들 앞에서 사람들은 마치 존재하지 않는 듯 움직입

니다. 순식간에 무無가 될 수 있는 위험에 직면해 그들은 무를 모방합니다. 밀어내면 쓰러지고, 땅 위에 쓰러진 채 그대로 머뭅니다. 그들을 일으켜야겠다는 생각이 누군가에게 우연히 들기 전엔 말입니다. 하지만 그렇게 일으켜 세워지고 정중한 말로 칭송받더라도, 그들은 그런 부활을 진짜인 것처럼 받아들여 감히 욕망을 드러낼 순 없습니다. 분노에 찬 목소리가 언제든 그들을 침묵시킬 수 있으니까요.

아킬레우스가 말하자 노인은 몸을 떨며 복종했다. (24권 571)

그렇지만 애원하는 사람들은, 적어도 그들의 간청이 받아들여질 경우, 다시 다른 사람들과 똑같은 사람이 될 수 있습니다. 반면 훨씬 더 불행한 사람들이 있습니다. 죽지 못하고 평생 동안 사물이 된 사람들이 그들입니다. 그들의 일상엔 어떤 놀이도 한가로움도 없고, 저절로 생겨나는 이유 없이 자유로운 행동도 없습니다. 그들은 다른 사람들보다 더 낮은 사회적 지위에서 훨씬 힘겹게 살아가는 사람이 아닙니다. 그들은 인간의 다른 종種, 인간과 시체 사이의 중간 존재입니다. 어떤 사람이 사물이라는 사실은 논리적 관점에선 모순입니다. 그런데 그처럼 불가능한 게 현실이 되면 모순은 영혼을 분열시킵니다. 그 사물은 매 순간 한 남자 또는 한 여자이길 소망하지만, 어떤 순간에도 그 소망은 이루어지지 않습니다. 즉 죽음이 평생의 삶 속에서 지속되는 것입니다. 그 생명은 사멸하기 훨씬 전부터 죽음에 의해 얼어붙은 생명인 것이지요.

　사제의 딸인 처녀는 그런 운명을 겪을 것입니다.

당신의 딸을 돌려주지 않겠어요. 그 이전에 그녀는 늙어 버릴
　거예요.
내 집에서, 아르고스에서. 자신의 나라에서 멀리 떨어져서.
베틀 앞을 뛰어다니고 내 침대를 오가면서. (1권 29~31)[8]

　젊은 여성이자 어머니인 왕자의 아내도 똑같은 운명을 겪을
것입니다.

그리고 어쩌면 언젠가 당신은 아르고스에서 다른 여인의 옷감을
　짜고
물을 길어 나를지도 몰라요. 멧세이스나 휘페레이아의 샘에서.
당신의 뜻과 상관없이 가혹한 속박의 짓누름 아래. (6권 456~458)[9]

　왕권의 후계자인 어린 아이도 그런 운명을 겪을 것입니다.

그녀들은 틀림없이 선박들의 텅 빈 바닥에 실려 떠날 것이고,

　　　8　아가멤논이 크뤼세이스를 그녀의 아버지인 크뤼세스에게
　　　돌려주길 거부하면서 하는 말입니다.
　　　9　헥토르가 아내인 안드로마케에게 하는 말입니다.

나도 그녀들과 같이 떠나겠지요. 그리고 너, 내 아들도, 나와 함께
나를 뒤쫓아 비천한 일들을 하게 될 거야.
가혹한 주인의 눈앞에서 고통받으며 〔…〕 (24권 731~734)[10]

어머니의 눈에 아들의 그런 운명은 죽음 자체만큼이나 끔찍
합니다. 남편은 아내가 그런 상황에 처하기 전에 자신이 죽길 바
랍니다. 아버지는 딸을 그런 상황에 처하게 한 적군에게 하늘이
온갖 재앙을 내리길 청합니다. 하지만 하늘이 덮친 사람들에게
선, 너무도 가혹한 운명이 저주, 분노, 비교, 미래나 과거에 대한
상념 그리고 추억마저도 지워 없앱니다. 자신의 도시나 고인故人
에 대해 충성심을 갖는 건 노예들의 일이 아닙니다.

노예는 오히려 다음과 같은 때 눈물을 흘립니다. 자신의 모
든 걸 빼앗고 도시를 파괴하고 눈앞에서 사랑하던 사람들을 죽
인 자 가운데 하나가 고통받거나 죽을 때 말입니다. 그러지 못할
이유가 무엇이겠습니까? 노예에겐 오직 그런 때만 눈물이 허용
된다면 말입니다. 더욱이 눈물을 흘리는 게 강제된다면 말이지
요. 노예 상태에선 언제든 눈물이 흐를 준비가 되어 있지 않을까
요? 벌 받지 않고 눈물을 흘릴 수 있는 상황이 만들어진다면 곧
바로 말입니다.

10   안드로마케가 헥토르의 시신을 붙잡고 한탄하면서 아들
아스튀아낙스의 장래를 걱정하는 말입니다.

그녀가 눈물을 흘리며 말하자 여자들이 탄식했다.
파트로클로스의 죽음을 핑계로 저마다 자신의 번뇌에 대해. (19권
   301~302)[11]

   노예는 어떤 경우건 아무것도 표현할 수 없습니다. 주인을
기쁘게 하는 게 아니라면 말입니다. 그런 연유로, 그토록 음울한
삶에서 어떤 느낌이 폐부를 찔러 노예에게 약간의 생명을 가져
다준다면, 그건 주인에 대한 사랑일 수밖에 없습니다. 사랑의 재
능을 펼칠 수 있는 다른 모든 길은 막혀 있습니다. 마차를 끄는
말에게 연결봉, 고삐, 재갈이 단 하나의 길을 빼곤 모든 길을 차
단하듯이. 그러다 어느 날 기적 같은 특혜를 받아 다시 '누군가'
가 될 수 있는 희망이 생긴다고 해 봅시다. 그럴 경우 가까운 과
거의 기억 때문에 오히려 두려움의 대상이 되어야 할 사람들에
대한 감사와 사랑은 무한한 것이 될 수 있습니다.

제 남편! 아버지와 존경하는 어머니가 맺어 주신 제 남편이
저의 도시 앞에서 날카로운 청동에 꿰뚫리는 걸 저는 봤고,
저의 세 오빠, 한 어머니가 제게 낳아 주신
그토록 사랑스러운 오빠들도 파멸의 날을 맞았어요.
하지만 당신은 저를 내버려 두지 않았어요, 동작 빠른

     11   브리세이스가 파트로클로스의 죽음을 슬퍼하자 다른
    여인들도 따라 우는 장면입니다.

아킬레우스가 제 남편을
죽이고 신성한 뮈네스의 도시를 파괴했을 때,
제가 울지 않도록 말이에요. 그리고 약속했지요. 신성한
아킬레우스가
저를 합법적 아내로 삼고, 당신들의 배로
프티아에 데려가 뮈르미도네스족 사이에서 결혼식을 하게 해
주겠다고요.
저는 당신을 위해 끝없이 울어요. 당신은 항상 따뜻했어요. (19권
291~300)[12]

누구든 노예가 잃어버린 것보다 더 많이 잃어버릴 순 없습니다. 노예는 내적인 삶 전부를 잃어버립니다. 운명을 바꿀 기회가 찾아오면 겨우 약간을 되찾을 뿐이지요. 이런 게 바로 힘의 제국입니다. 이 제국은 자연의 제국만큼이나 멀리 뻗어 나갑니다. 자연도 마찬가집니다. 사활이 걸려 있을 때면 내적인 삶 전체를 지워 버리지요. 어머니의 고통조차도 말입니다.

아름다운 머리의 니오베마저도 먹어야겠다고 생각했어요.
열두 자녀가 집에서 죽었는데도 말이에요.
여섯 딸과 여섯 아들이 꽃다운 나이에!
아들들은 아폴론이 은 화살로 쏘아 죽였어요.

12 파트로클로스의 죽음에 대한 브리세이스의 한탄입니다.

니오베에게 화가 나서! 딸들은 화살을 사랑한 아르테미스가
    죽였지요.
니오베가 아름다운 뺨을 가진 레토와 맞먹으려 했기 때문이에요.
"여신은 아이가 둘인데 나는 많이 낳았다"고 말했던 것이지요.
결국 그 둘은, 둘밖에 안 되지만, 그녀의 자식들을 모조리
    죽였습니다.
자식들은 아흐레 동안 죽은 채 버려져 있었고 아무도 그들을
묻으러 오지 않았어요. 사람들이 제우스의 뜻에 따라 돌이 돼
    버렸으니까요.
그들을 열흘째 되는 날 묻어 준 것은 하늘의 신들이었지요.
하지만 니오베는 먹어야겠다고 생각했어요. 울다가 지쳐서. (24권
    602~613)[13]

그 누구도 이토록 쓰라리게 사람의 비참함을 표현한 적이 없습니다. 자신의 비참함마저도 잊게 만드는 비참함이 그것이지요.

다른 사람이 휘두르는 힘은 삶과 죽음을 좌우하는 항구적인 권력이 되면서 극단적인 굶주림만큼이나 영혼에 절대적인 것이 됩니다. 그리고 힘의 제국은 부동의 물질이 지배하는 제국처럼 차갑고 단단한 것이 됩니다. 어디서건 제일 약한 사람은 도시

---

13 아킬레우스가 프리아모스에게 저녁 먹기를 권유하면서
니오베의 예를 들고 있습니다.

한복판에서도 혼자이지요. 사막 한복판에 버려진 사람이 혼자
인 것보다 더욱 혼자입니다.

두 개의 항아리가 제우스의 문지방에 있어요.
그 안엔 그의 선물들이 있지요. 하나엔 나쁜 것, 또 하나엔 좋은
　　것이. (24권 527~528)
〔…〕
제우스는 불길한 선물을 받은 사람이 모욕을 당하게 하지요.
처참한 빈궁貧窮이 그를 신성한 대지 바깥으로 내쫓아
방황하면서 사람과 신 들에게 무시당하도록 만듭니다. (24권
　　531~533)[14]

　　힘을 소유했거나 그렇다고 믿는 사람은 그 힘으로 다른 사람
들을 무자비하게 짓밟는 꼭 그만큼, 철저하게 그 힘에 도취됩니
다. 하지만 그 누구도 진짜로 힘을 갖진 못합니다. 『일리아스』는
사람들을 한편엔 패배한 사람, 노예, 애원하는 사람으로, 다른
한편엔 승리한 사람, 주인으로 나누지 않습니다. 언젠가 힘 앞에
무릎을 꿇지 않게 될 사람은 단 한 사람도 없습니다. 비록 자유
인이고 무장을 했더라도 군인들 또한 명령을 받고 능욕을 당합
니다.

14　아킬레우스가 프리아모스에게 하는 말입니다.

하층민 가운데 누군가가 소리 지르는 걸 보면
오뒷세우스는 지휘봉으로 그를 때리면서 이렇게 질책했다.
"한심한 놈, 얌전히 앉아 듣거라. 다른 사람의,
상급자의 말을. 너는 용기도 힘도 없고
전투에서도 아무것도 아니며 회합에서도 아무것도 아니니까."
　(2권 198~202)[15]

　테르시테스는 자신이 말한 것의 대가를 혹독하게 치릅니다.
그의 말은 완전히 조리가 있었고 아킬레우스가 말한 내용과도
비슷했는데 말입니다.

오뒷세우스가 그를 때리자 그는 몸을 구부렸고 눈물이 주르륵
　　흘러내렸다.
피맺힌 매 자국이 그의 등에서 부어올랐다.
황금 지휘봉 밑으로! 그는 앉아서 두려움에 떨었다.
고통과 당혹감 속에 눈물을 닦으면서.
다른 사람들은 고통 속에서도 그 광경을 즐거워하며 웃었다. (2권
　　266~270)[16]

　　　15　오뒷세우스가 병사들을 야단치는 장면입니다.
　　　16　아가멤논을 비판하면서 고향으로 돌아가자고 말한
　　　테르시테스를 오뒷세우스가 지휘봉으로 때리는 장면입니다.

그런데 무적의 오만한 아킬레우스조차도 시의 서두에서부터 모욕감과 무력한 고통 때문에 눈물을 흘립니다. 아내로 삼으려 했던 여인이 눈앞에서 잡혀가는 걸 보고도 감히 싸우질 못한 채로 말입니다.

〔…〕 하지만 아킬레우스는
전우들과 멀리 떨어져 앉아 울었다. 홀로.
하얗게 부서지는 파도들의 기슭에서 암적색 바다를 바라보며. (1권
348~350)[17]

아가멤논은 단호한 말로 아킬레우스를 능욕합니다. 그 자신이 지배자임을 드러내면서.

〔…〕 그러면 당신은 알게 되겠지.
내가 당신보다 위에 있다는 걸. 또한 다른 모든 사람도 꺼리게 될
거야.
나와 맞먹거나 내게 고개를 쳐드는 것을. (1권 185~187)

하지만 며칠 뒤에는 최고 지배자가 눈물을 흘릴 차례가 돌아옵니다. 그는 몸을 굽혀 애원을 했지만, 거부당하는 고통을 겪습

---

17 아가멤논이 브리세이스를 데려가자 아킬레우스가 눈물을 흘리는 장면입니다.

니다.

그 어떤 전사도 공포를 느껴야 한다는 치욕을 벗어날 수 없습니다. 영웅들도 보통 사람과 마찬가지로 두려움에 떱니다. 헥토르의 도발은 어떤 예외도 없이 모든 그리스인을 겁에 질리게 합니다. 그 자리에 없었던 아킬레우스와 그의 전우들만 빼고서.

헥토르가 말하자, 모두가 말을 멈추고 침묵을 지켰다.
거절하는 건 수치스럽고 받아들이는 건 무서웠기 때문이다. (7권
    92~93)

하지만 아이아스가 앞에 나서자 두려움은 상대편의 것이 됩니다.

트로이아인들은 공포의 한기로 인해 팔다리가 마비됐다.
헥토르 자신도 가슴속 심장이 고동쳤다.
하지만 그는 더 이상 떨 수도 도망칠 수도 없었다. (7권 215~217)[18]

그런데 이틀 뒤면 이젠 아이아스가 공포를 느낍니다.

아버지 제우스가 높은 곳에서 아이아스를 겁에 질리게 했다.
아이아스는 멈춰 서고 공포에 사로잡혀, 일곱 겹으로 된 가죽

18 헥토르의 도발에 아이아스가 맞대응을 한 결과입니다.

방패를 등에 걸치곤
온몸을 떨고, 정신이 나간 듯 사람들을 둘러보고 짐승처럼〔…〕

　　(11권 544~546)

　　아킬레우스 자신도 큰 강 앞에서 한 차례 두려움에 떨고 전
율합니다. 사람 앞에선 아니었지만 말입니다. 그를 제외하곤 절
대적으로 모든 사람이 어떤 시점에서건 패배합니다. 승리를 결
정하는 건〔사람들이 갖는〕가치가 아니라 제우스의 황금 저울
이 대변하는 맹목적 운명입니다.

그때 아버지 제우스가 황금 저울을 펼쳤다.
모든 걸 쓸어버리는 죽음의 운명 두 개를 그 위에 올려놓으니,
하나는 말 사육자 트로이아인들의 운명, 하나는 청동 갑옷
　　그리스인들의 운명이었다.
그가 저울 중간을 잡자 그리스인들의 파멸의 날이 기울었다.(8권
　　69~72)

　　맹목적이기 때문에 운명은 일종의 정의를 확립합니다. 그리
고 무장한 사람들을 '눈에는 눈, 이에는 이'라는 복수復讐 형벌로
다스리는 이 정의 또한 맹목적입니다.『일리아스』는 복음서보
다 훨씬 앞서 거의 똑같은 용어들로 그런 정의를 제시합니다.

아레스〔전쟁의 신〕는 공정합니다. 그는 죽이는 자들을 죽이니까요.

모든 사람은 태어나면서 폭력으로 인해 고통받도록 운명 지어져 있습니다. 하지만 눈앞의 정황만을 따르는 제국은 사람의 정신이 이 진실을 외면하도록 만듭니다. 절대적으로 강한 강자는 없습니다. 절대적으로 약한 약자도 없지요. 하지만 강자건 약자건 이 진실을 모릅니다. 강자와 약자는 서로가 동일한 종種에 속하지 않는다고 생각합니다. 약자는 자신이 강자와 비슷하다고 여기지 않고, 또 그렇게 여겨지지도 않습니다. 힘을 소유한 사람은 아무런 저항도 없는 공간을 걸어 나갑니다. 그 주변의 인간 물질 가운데 그 어떤 것도 그의 충동과 행위 사이에 생각이 머물 짧은 틈을 만들어 내지 못합니다. 생각의 자리가 없는 곳엔 정의도 신중함도 자리가 없습니다. 무장한 이 사람들은 이로 인해 가혹하고 광적으로 행동합니다. 그들의 무기는 무장 해제당하고 무릎 꿇은 적들의 몸을 가릅니다. 또 그들은 적의 몸이 겪을 능욕을 예고하면서 처형당할 적을 제압합니다. 아킬레우스는 파트로클로스의 화장터에서 트로이아 청년 열두 명의 목을 벱니다. 무덤에 바칠 꽃을 따듯 거리낌 없이요. 권력을 행사하는 사람들은 결코 생각하지 못합니다. 자신의 행위가 돌고 돌아 언젠간 자신을 무릎 꿇게 할 것임을. 한마디 말로 어떤 노인을 침

19   도성으로 돌아가자는 폴뤼다마스의 권유에 맞서 헥토르가 전투를 계속하겠다며 하는 말입니다.

묵시키고 떨게 하고 복종시킬 수 있을 땐, 예언자들이 사제의 저주를 심각하게 여긴다는 사실을 떠올릴 필요가 없습니다. 아킬레우스와 그가 사랑하는 여인이 유린당할 수밖에 없을 땐, 그의 여인을 탈취하는 걸 그만둘 이유가 없습니다.[20] 불쌍한 그리스인들이 도망치는 걸 유쾌하게 바라보던 아킬레우스는 짐작이나 했을까요? 자신의 의지대로 방치하거나 멈출 수 있는 그들의 패퇴가 언젠간 친구와 자신의 목숨을 앗아 갈 것임을. 결국 운명이 힘을 빌려 준 사람들은 이런 까닭에 힘을 과신해서 몰락하고 말지요.

그들이 몰락하지 않는 건 있을 수 없는 일입니다. 그들은 자신의 힘이 유한한 양量의 것임을 생각지 않고, 다른 사람들과의 관계도 불균형한 힘들의 균형에 따른 것임을 고려치 않기 때문입니다. 다른 사람들은 그들의 움직임에 잠시 멈춤의 시간을 가져다주지 못합니다. 오직 그런 시간만이 주변 사람들을 돌아보게 할 수 있는데 말입니다. 그래서 그들은 결론짓습니다. 운명이 자신들에게만 모든 자격을 부여했고, 보다 열등한 사람들에겐 어떤 것도 허락하지 않았다고. 이때부터 그들은 자신이 지닌 힘보다 더 멀리 나아갑니다. 그 힘에 한계가 있음을 몰라서 필연적으로 더 멀리. 그 결과 그들은 어떤 의지할 곳도 없이 우연에 내맡겨지고, 사물들은 더 이상 그들에게 복종하지 않습니다. 어떤

20 아가멤논이 아킬레우스가 사랑하는 브리세이스를 탈취한 것을 말합니다.

땐 우연이 그들에게 봉사할 겁니다. 하지만 그렇지 않을 땐 우연이 그들을 해칩니다. 그들은 발가벗겨진 채 불행에 노출된 것이지요. 그들의 영혼을 보호했던 강력한 갑주甲冑 없이. 그들을 눈물로부터 지켜 줬던 어떤 도움도 없이.

그리스인들이 명상의 첫째 대상으로 삼은 건 힘의 남용을 즉각적으로 처단하는, 기하학적 엄밀성을 지닌 징벌입니다. 이 징벌은 서사시의 영혼을 이룹니다. 네메시스[응보의 여신]의 이름 아래 이 징벌은 아이스퀼로스 비극들의 동인을 이룹니다. 피타고라스주의자들, 소크라테스, 플라톤은 바로 이 징벌을 통해 사람과 세계를 숙고합니다. 기하학적 엄밀성을 지닌 징벌이라는 이 개념은 헬레니즘이 퍼져 나간 모든 곳에서 친숙한 게 되었습니다. 어쩌면 이 그리스 개념은 불교가 퍼진 동양의 나라들에선 카르마라는 이름으로 전해 내려온 것일 수 있습니다. 반면 서양은 그 개념을 잃어버렸습니다. 이젠 더 이상 서양의 어떤 언어에도 그걸 표현할 단어가 없습니다. 삶의 향배를 결정해야 할 한계, 가늠, 균형에 대한 생각들은 이젠 다만 기술에 종속된 역할만을 할 뿐입니다. 우리는 물질과 관련해서만 기하학자입니다. 반면 그리스인들은 무엇보다 미덕의 배움과 관련해서 기하학자였지요.

『일리아스』에서 전쟁은 시소 놀이처럼 펼쳐집니다. 한순간의 승자는 스스로를 무적인 것처럼 여깁니다. 하지만 그는 몇 시간 전만 해도 패배의 위기에 처해 있었지요. 그는 승리를 스쳐 가는 것처럼 사용해야 한다는 걸 잊습니다.『일리아스』가 이야기하는 첫째 날 전투 후에, 승리한 그리스인들은 전리품으로 헬레네[21]와 그녀의 재물들을 획득할 수 있었을 것입니다. 호메로스의 생각처럼 적어도 그리스 군대가 헬레네가 트로이아에 있다고 믿었던 게 옳았다면 말입니다. 그 여부를 알고 있었을 이집트 사제들은 나중에 헤로도토스에게 그녀가 이집트에 있었다고 확인해 줬지요. 무엇이 사실이건 간에 그리스인들은 그날 저녁 그 전리품을 원하지 않습니다.

"지금은 누구도 파리스의 재물을 받지 맙시다.
헬레네조차도 말입니다. 누구든 알 수 있을 겁니다. 아무리
　우둔해도 말입니다.
트로이아인들이 지금 파멸의 벼랑에 서 있다는 것을."
이렇게 말하자 아카이오이족[22]이 모두 환호성을 내질렀다. (7권
　400~403)[23]

　그들이 원하는 건 더도 덜도 아닌 전부입니다. 트로이아의 모든 부를 전리품으로 삼는 것, 모든 궁전, 사원, 집을 재로 만드는 것, 모든 여자와 아이를 노예로 삼는 것, 모든 남자를 시체로

21　아가멤논의 동생인 메넬라오스의 부인으로 트로이아의 왕자인 파리스와 도망쳐서 전쟁의 불씨가 됩니다.
22　트로이아 전쟁 당시 그리스에서 가장 강력했던 부족입니다.
23　디오메데스가 전쟁을 중지하지 말자고 주장하는 대목입니다.

만드는 것이 그것이지요. 하지만 그들은 한 가지 세부를 망각합니다. 전부가 그들의 권력 안에 있지는 않다는 것을 말입니다. 왜냐하면 그들이 트로이아에 있지 않기 때문입니다. 어쩌면 내일 그들은 트로이아에 있을 수도 있습니다. 하지만 어쩌면 그러지 못할 수도 있는 것입니다.

헥토르는 똑같은 날 똑같은 것을 망각하지요.

왜냐하면 나는 그걸 잘 알기 때문이에요. 내 뱃속과 심장으로부터.
언젠간 올 거예요. 멸망의 날이. 성스러운 일리오스〔트로이아〕와
프리아모스와 훌륭한 창을 가진 그의 민족에게 말입니다.
하지만 내가 진정으로 염려하는 건, 트로이아인들이 당할 고통이
　　아니라,
헤카베〔헥토르의 어머니〕 자신과 프리아모스 왕이 아니라,
그리고 나의 수많은 용감한 형제가
적들의 칼날 아래 먼지 속에서 쓰러지는 게 아니라,
바로 당신이에요. 청동 갑옷을 입은 그리스인 가운데 한 명이
눈물에 젖은 당신을 끌고 가면서 자유를 빼앗는 것이에요. (6권
　　447~455)
〔…〕
내가 벌써 죽어 흙더미가 나를 덮어 버렸길 바랍니다.
내가 당신의 비명을 듣기 전에. 당신이 끌려가는 걸 보기 전에. (6권
　　464~465)[24]

피할 수 없다고 믿는 두려움에서 빠져나오기 위해 이 시점에 그가 바치지 못할 게 무엇이 있겠습니까? 하지만 그가 무얼 바치더라도 괜한 일입니다. 그 다음다음 날이면 오히려 그리스인들이 처참하게 패퇴하고, 아가멤논조차 바다로 떠나고 싶어 합니다. 내어 준 게 거의 없이 적을 손쉽게 쫓아낼 수 있게 된 헥토르는 적이 빈손으로 떠나는 것조차 허용하지 않으려 합니다.

도처에 불을 피워 그 불꽃이 하늘에 이르도록 합시다.
그래야 밤에 긴 머리의 그리스인들이
도망치기 위해 바다의 넓은 등에 올라타지 못할 테니까요. (8권
509~511)
[…]
한 사람 이상이 집에 돌아가 마음에 새겨야 할 무엇이 있어야
합니다. (8권 513)
[…] 모든 사람이 두려워해야만 합니다.
말을 기르는 트로이아인에게, 눈물이 흐르는 전쟁을 도발하는
것을. (8권 515~516)[25]

그의 욕망은 이루어집니다. 즉 그리스인들은 머뭅니다. 그리고 다음 날 정오엔 거꾸로 그리스인들이 헥토르와 그의 전우들

---

24 헥토르가 아내인 안드로마케에게 하는 말입니다.
25 헥토르가 하는 말입니다.

을 비참한 상황에 빠뜨립니다.

그들은 들판을 지나 소 떼처럼 도망치고 있었다.
사자의 습격을 한밤중에 받은 소 떼처럼. (11권 172~173)
〔…〕
그렇게 그들을 뒤쫓으면서, 아트레우스의 아들인 강력한
    아가멤논은
제일 뒤의 사람을 쉬지 않고 죽였고, 그들은, 계속, 도망치고
    있었다. (11권 177~178)

하지만 오후에 헥토르는 기운을 회복했고 계속 후퇴하다가
다시 그리스인들을 패주시킵니다. 그러고선 파트로클로스와
그의 원기 왕성한 군대에 의해 또다시 패퇴하지요. 파트로클로
스는 자신의 힘의 한계를 넘어서까지 계속 우위를 차지하려 합
니다. 그러다 결국엔 갑옷과 투구를 잃고 부상을 당한 채 헥토르
의 칼 앞에 놓이지요. 그날 저녁 승리에 도취한 헥토르는 폴뤼다
마스의 신중한 의견을 엄하게 꾸짖습니다.

지금 내가 크로노스의 영악한 아들〔제우스〕에게서
함선들에 대한 지배권을 얻어 그리스인들을 바다로 몰아붙였으니,
얼빠진 사람이여, 그런 제안을 사람들 앞에 내놓지 마세요.
어떤 트로이아인도 당신 말을 듣지 않을 거고, 내가 그걸 허락하지
    않을 겁니다. (18권 293~296)

〔…〕

헥토르가 이렇게 말하자 트로이아인들은 갈채를 보냈다.(18권
310)[26]

그러나 다음 날 헥토르는 패배합니다. 아킬레우스는 그를 모
든 들판을 건너 후퇴하게 했고 죽일 것입니다. 아킬레우스는 언
제든 둘이 싸울 때면 상대를 능가했지요. 몇 주 동안 휴식을 취
했고, 복수심에 불타며, 승리에 도취했으니, 탈진한 적 앞에선
얼마나 더 강력했겠습니까? 이제 헥토르는 트로이아 성벽 앞에
홀로 남겨져 있습니다. 철저하게 홀로, 죽음을 기다리면서. 죽음
에 맞서 영혼을 굳세게 하려고 애쓰면서.

아아! 만일 내가 문과 성벽 뒤쪽으로 도망친다면
폴뤼다마스가 제일 먼저 나를 비웃겠지.(22권 99~100)
〔…〕
이제 내가 광기로 인해 내 사람들을 잃었으니
두렵구나, 트로이아의 남자들과 늘어진 베일을 한 여자들이.
그리고 나보다 용감하지 못한 사람들이 이렇게 말할 거야.
'헥토르는 자신의 힘을 과신해서 나라를 잃었어'라고.(22권
104~107)

26　그리스인들이 패퇴하자 폴뤼다마스가 전투를 중단하길
제안했지만 헥토르는 이처럼 거절합니다.

〔…〕

하지만 만일 내가 불룩 튀어나온 방패와

멋진 투구를 땅에 내려놓고 창을 성벽에 세워 놓은 채

이름 높은 아킬레우스를 만나러 몸소 찾아간다면? (22권 111~113)

〔…〕

아니 왜 내 가슴은 내게 이런 충고를 하는 걸까?

나는 그에게 접근하지 않을 거야. 그는 나를 불쌍히 여기거나

존중하기는커녕, 마치 발가벗겨 놓은 것처럼 죽일 테니까.

내가 여자인 듯이. (22권 122~125)

　　헥토르는 불행한 사람의 몫인 고통과 치욕에서 손톱만큼도 빠져나오지 못합니다. 홀로이고, 힘이 보장해 준 모든 위엄을 잃은 상태에서, 그는 이제 자신을 성벽 밖에서 버티게 해 준 용기를 잃고 도망칩니다.

헥토르는 그를 보자 공포에 사로잡혔다. 그래서 거기서

버티려는 결심을 계속 밀고 나갈 수 없었다. (22권 136~137)

〔…〕

그것은 제물로 바칠 짐승이나 소가죽 같은

달리기 대회의 흔한 상품을 얻기 위한 게 아니었다.

한 생명을 붙잡으러 그들은 달려갔다. 말을 기르는 헥토르의

　　생명을. (22권 159~161)

치명적인 상처를 입은 헥토르는 헛된 애원을 함으로써 승자의 기개를 더욱 드높입니다.

나는 애원합니다. 당신의 생명을 통해, 당신의 무릎을 통해, 당신의 부모를 통해. (22권 338)

하지만 『일리아스』를 읽는 사람들은 알고 있습니다. 헥토르의 죽음이 아킬레우스에게 단지 짧은 기쁨만을 줄 것임을. 아킬레우스의 죽음이 트로이아인들에게 단지 짧은 기쁨만을 줄 것임을. 트로이아의 멸망이 아카이오이족에게 단지 짧은 기쁨만을 줄 것임을.

이처럼 폭력이 건드리고 간 사람들은 파괴됩니다. 결국엔 폭력은 그것을 휘두르는 사람에게도 외적인 것으로 드러납니다. 그로 인해 고통받는 사람에게서와 똑같이 말입니다. 그래서 운명이라는 관념이 생겨납니다. 즉 운명 아래선 학살자나 희생자나 똑같이 결백하다는 것이고, 승자나 패자나 똑같이 불행에 처한 형제들이라는 것입니다. 승자가 패자에게 불행의 원인이듯, 패자도 승자에게 불행의 원인입니다.

그에게서 난 외아들인 저는 일찍 죽을 운명입니다. 게다가
그는 늙었습니다. 제 돌봄을 받지 못하고. 조국에서 멀리 떨어진
저는 여기 트로이아에서 당신과 당신 아들들에게 못 할 짓을 하고

있으니까요. (24권 540~542)[27]

챗바퀴에서 빠져나올 유일한 방법인 힘의 절제된 사용은 인간을 넘어서는 미덕을 필요로 합니다. 그런 미덕은 약자가 꾸준한 품위를 지키는 것만큼이나 드문 것이지요. 더욱이 절제를 한다고 해서 위험이 사라지진 않습니다. 왜냐하면 위세는 대부분의 경우 힘을 이루는데, 무엇보다 약자에 대한 방자한 무관심을 내포하기 때문입니다. 그런 무관심은 아주 전염성이 강해 그 대상들마저 감염시키는 것입니다. 정치적인 생각은 일반적으로 과잉을 부추기지 않습니다. 다만 사람들이 과잉에의 충동을 거의 억제하지 못할 뿐이지요. 물론 『일리아스』에서도 사람들은 이따금 조리 있는 말을 합니다. 테르시테스의 말들이 제일 그렇고, 흥분한 아킬레우스의 말들도 그렇습니다.

그 어떤 것도 생명보다 중요하지 않습니다. 심지어 풍요로운 도시 일리오스가 지녔다고 말해지는 모든 재화라도 말입니다. (9권 401~402)

[…]

우리는 소 떼와 살찐 양들을 약탈할 순 있지만 (9권 406)

[…]

27   아킬레우스가 프리아모스에게 자신의 아버지인 펠레우스에 대해 말하고 있습니다.

사람의 생명은 한번 떠나가면 다시 얻을 수 없습니다. (9권 408)[28]

하지만 조리 있는 말들은 허공으로 흩어집니다. 조리 있는 말을 한 약자는 처벌받고 침묵에 처하지요. 조리 있는 말을 한 지휘자는 자신의 말을 지키지 못합니다. 그리고 필요할 때는 언제나 신이 있어서 격정을 권유합니다. 그리하여 결국엔 운명에 따라 나뉜 죽이는 일과 죽는 일을 그만둘 수 있다는 희망마저도 마음에서 사라집니다.

〔…〕 제우스는 우리에게
이미 젊을 때부터 정해 줬지요. 늙을 때까지 고통받도록.
고통스러운 전쟁들 속에서 마지막 한 사람이 쓰러질 때까지. (14권 85~87)[29]

이미 이 전사들은, 많은 시간이 흐른 뒤의 크론Craonne의 병사들처럼, "모두가 형벌을 받는다"고 느낍니다.[30]

28 아킬레우스가 다시 전투를 하라고 부추기는
오뒷세우스에게 하는 말입니다.
29 오뒷세우스가 아가멤논에게 하는 말입니다.
30 프랑스 북부의 크론 고지는 1차 대전 중인 1917년과
1918년에 수많은 전투가 벌어졌던 곳이고, 폭격으로 인해
크론시가 완전히 파괴됐습니다. 1917년부터 반전反戰의 내용을
담은 '크론의 노래'가 불렸고, "모두가 형벌을 받는다"는 건 이
노래 가사의 일부입니다.

그들은 아주 단순한 함정에 빠져 그 상황에 처합니다. 처음엔 가벼운 마음으로 출발하지요. 스스로 힘을 지니고 있고 자신에 대항하는 게 아무것도 없을 때면 언제나 그렇듯이. 손에 무기가 들려 있고 적들은 눈에 띄지 않는다면 말입니다. 적의 명성때문에 영혼이 주눅 들었을 때를 예외로 하면, 우리는 부재하는존재에 비해 언제나 훨씬 더 강합니다. 부재하는 존재는 필연성의 질곡을 부과하지 못하지요. 그처럼 전진하는 전사들의 머릿속엔 아직 그 어떤 필연성도 떠오르지 않습니다. 그래서 그들은놀이를 하러 가듯이, 일상의 구속에서 빠져나와 휴가를 떠나듯이 전진합니다.

어디로 갔나요, 그 허풍은? 그토록 스스로의 용맹함을 내세우던
　　허풍은?
렘노스에서 당신들이 으쓱대며 지껄이던 그 허풍은?
우뚝한 뿔이 달린 소의 살들을 잔뜩 먹고
포도주가 넘쳐흐르는 잔을 비울 때의 허풍은?
각자가 백 명이나 이백 명의 트로이아인을
전투에서 떠맡겠다고 하더니, 한 사람〔헥토르〕을 당해 내지
　　못하는군요. (8권 229~234)[31]

하지만 한 차례 경험했다고 해서, 전쟁이 곧바로 놀이처럼 여

31　아가멤논이 그리스 병사들을 독려하는 말입니다.

겨지길 멈추진 않습니다. 전쟁에 내재하는 필연성은 참혹합니다. 그건 평화로운 시절 노동의 필연성과는 전혀 다른 것이지요. 영혼은 더 이상 도망칠 수 없을 때만 그런 필연성에 종속됩니다. 그로부터 도망칠 수 있다면, 영혼은 필연성이 부재하는 나날들, 임의적이고 비현실적인 놀이와 꿈의 나날들을 보냅니다. 그럴 때 위험은 아직 추상적이고, 전사들이 파괴하는 생명들은 아이들이 놀다 망가트린, 어떻게 되든 상관없는 장난감 같은 것입니다. 영웅주의는 호언장담으로 물든 연극적인 허세입니다. 더욱이 일시적으로 삶의 활력이 행위의 능력을 배가하면, 전사들은 스스로를 억제하질 못합니다. 모든 패배와 죽음을 쫓아내는 신의 도움을 내세우면서 말입니다. 그리하여 전쟁은 손쉬운 것처럼 여겨지고 천박하게 사랑받습니다.

하지만 대부분의 경우 이런 상태는 오래가질 못합니다. 두려움과 패배와 사랑하는 전우들의 죽음이 전사의 영혼을 필연성 앞에 무릎 꿇리는 그런 날이 옵니다. 그리하여 이제 전쟁은 놀이나 꿈이길 멈춥니다. 전사들은 마침내 이해합니다. 전쟁이 실제로 존재한다는 것을. 전쟁은 참혹한 현실입니다. 끝없이 참혹해서 도저히 견뎌 낼 수 없는 현실입니다. 전쟁은 죽음을 품고 있기 때문입니다. 죽음이 실제로 가능한 것임을 알아차리게 되자마자, 죽음을 생각하는 건 견딜 수 없는 일이 됩니다. 빛을 경험한 게 아니라면 말입니다. 물론 모든 사람은 죽을 수밖에 없고, 어떤 군인은 전투를 치르며 늙어 갈 수도 있습니다. 하지만 영혼이 전쟁의 질곡에 종속된 사람들에겐 죽음과 미래 사이의 관계가 다른 사람들과 다릅니다. 다른 사람들에게 죽음은 미래와 관련해 미리 설정된 어떤 한계지만, 그들에겐 미래 자체라는 것, 그들의 직업이 부과한 미래라는 것이지요. 사람들이 죽음을 미래 자체로 갖는다는 건 자연에 반하는 일입니다. 전쟁을 수행하면서 매분 매초 죽음의 가능성을 자각하기에 이르면, 죽음의 이미지를 떠올리지 않고선 하루에서 그다음 날로 넘어갈 수 없습니다. 존재한다는 것으로 인해 고통받을 시간이 얼마 남지 않은 것처럼 정신이 팽팽하게 조여 오는 것이지요. 그리고 다시 아침을 맞으면 똑같은 필연성을 마주합니다. 날들이 더해지면 연年들을 이루지요. 영혼은 폭력으로 인해 매일 고통받습니다. 매일 아침 영혼은 희망을 도려냅니다. 생각이 죽음을 통과하지 않고선 시간을 여행할 수 없기 때문에. 그리하여 전쟁은 목표에 대한 모든 생각을 지웁니다. 전쟁의 목적에 대한 생각들도 포함해서요. 즉 전쟁은 전쟁을 끝내야겠다는 생각마저 지웁니다. 우리는 그런 상황에 처하기 전엔 그토록 폭력적인 상황이 가능하단 걸 상상조차 하지 못합니다. 하지만 상황 속에 있을 땐, 상황이 끝날 수 있다는 걸 상상하지 못합니다. 그래서 우리는 상황을 끝내기 위해 아무것도 하지 못하지요. 무장한 적이 눈앞에 있으면 무기를 치켜들고 조준할 수밖에 없듯이 말입니다. 출구를 찾으려면 정신이 생각을 해야만 합니다. 하지만 정신은 그런 목표에 대해 생각할 수 있는 능력을 완전히 잃어버립니다. 정신의 모든 힘이 그걸 가로막기 때문입니다. 노예 상태에서건 전쟁 중에서건, 견딜 수 없는 불행이 사람들 사이에서 그 스스로의 무게에 의해

지속됩니다. 바깥에서 보기엔 별것 아닌 듯 여겨지더라도 말입니다. 불행은 지속됩니다. 불행 자체가 그로부터 벗어나기 위해 꼭 필요한 수단들을 제거해 버리기 때문입니다.

그럼에도 전쟁에 종속된 영혼은 해방을 부르짖습니다. 그러나 해방 또한 그 영혼에겐 비극적이고 극단적인 형태, 파괴적 형태를 취합니다. 절제되고 조리 있는 목표는, 너무도 폭력적이어서 추억이 될 수도 없는 불행을 건드리지조차 못할 것이기 때문입니다. 공포, 고통, 탈진, 학살, 죽은 전우들, 이 모든 것이 영혼을 더 이상 물어뜯지 않을 거라고 믿을 순 없습니다. 힘에 도취돼서 그것들을 모두 익사시키지 않는다면 말입니다. 끝없이 노력해 봤자 거의 아무 성과도 없을 거라는 생각은 사람에게 상처를 줍니다.

정말로 당신들은 프리아모스와 트로이아인들이 아르고스의
     헬레네를
자랑스러워하게 둘 것인가? 그 여인 때문에 수많은 그리스인이
고향 땅을 멀리 떠나와 죽어 갔는데도?(2권 176~178)[32]

뭐라고요? 당신은 넓은 도로를 갖춘 트로이아의 도시를
포기하길 바라시나요? 우리가 그것 때문에 수많은 고통을
     겪었는데도?(14권 88~89)[33]

32 제우스의 딸인 아테나가 오뒷세우스를 독려하는 말입니다.

도대체 오뒷세우스에게 헬레네가 뭐가 중요하겠습니까? 또 트로이아도 무슨 중요성이 있겠습니까? 그 부가 아무리 풍요롭더라도 이타케[34]의 폐허를 보상할 수 있는 것도 아닌데 말입니다. 트로이아와 헬레네가 중요한 건 단 하나의 이유 때문입니다. 즉 그것들로 인해 그리스인이 피와 땀을 흘렸다는 것. 그러므로 그것들의 주인이 되어야만 참혹했던 기억들을 치유할 수 있습니다. 적은 존재한다는 사실 그 자체만으로도 자연이 영혼 속에 넣어 준 것을 파괴합니다. 그래서 영혼은 적을 패퇴시켜야만 자신을 치유할 수 있다고 믿습니다. 또한 사랑하던 전우들의 죽음은 같이 죽겠다는 어두운 경쟁을 촉발합니다.

아! 곧바로 죽고 싶어요. 친구가
제 도움을 받지 못하고 죽었으니. 조국에서 멀리 떨어져
그는 죽었고, 그에겐 죽음에서 구해 줄 제가 없었어요. (18권
　　98~100)
〔…〕
이제 저는 찾으러 가겠어요. 그토록 중요한 생명의 살인자,
헥토르를. 죽음을 저는 곧바로 받아들이겠어요.
제우스와 다른 모든 신이 원하는 때라면. (18권 114~116)[35]

33　오뒷세우스가 아가멤논을 질책하는 말입니다.
34　오뒷세우스의 고향입니다.
35　아킬레우스가 어머니인 테티스에게 역정을 내며 하는 말입니다.

똑같은 절망이 죽음으로 내몰기도 하고 죽이는 것으로 내몰기도 합니다.

나는 잘 안다. 내 운명이 이곳에서 끝나리라는 것을.
사랑하는 아버지 그리고 어머니와 멀리 떨어져서. 하지만
　그럼에도
나는 멈추지 않으리. 트로이아인들이 전쟁에 진절머리를 칠
　때까지. (19권 421~423)[36]

　죽음의 이 이중적 욕구에 장악된 사람은, 다른 사람이 되지 않는 한에선, 살아 있는 사람들의 종족과는 다른 종족에 속하게 됩니다.

　그런 가슴을 가진 사람에게 생명에 대한, 겁에 질린 간구는 어떤 감정을 일으킬까요? 패배한 사람이 그에게 햇빛을 더 볼 수 있게 해 달라고 간청한다면 말입니다. 누군가는 무기를 갖고 있고 누군가는 무기를 잃었을 때, 위태로워진 생명은 어떤 중요성도 갖질 못합니다. 더 이상 빛이 감미롭다고 생각할 수 없는 사람이 이처럼 비굴하고 헛된 탄식을 하는 사람을 어떻게 존중할 수 있겠습니까?

나는 당신의 무릎 아래 있습니다. 아킬레우스여! 나를 존중하고

36　아킬레우스가 자신의 말인 크산토스에게 하는 말입니다.

불쌍히 여기세요.

나는 여기 탄원자로 있고, 오, 제우스의 아들이여, 존중받아
　　마땅합니다.

당신 집에서 처음 나는 데메테르(농업과 곡식의 여신)의 빵을
　　먹었기 때문입니다.

당신이 잘 경작된 내 과수원에서 나를 사로잡았던 그날에
　　말입니다.

그리고 당신은 나를 팔았지요, 아버지와 내 사람들로부터 멀리
　　떨어진

신성한 렘노스에서, 소 백 마리 값을 받고서요.

나는 그 세 배를 주고 풀려났고, 이 아침은 내게

오늘로 열두 번째입니다. 그 많은 고통을 받고 일리오스로 돌아온
　　뒤로

말입니다. 한데 나는 다시 당신의 손아귀에 있습니다.

불길한 운명에 의해서. 아버지 제우스는 나를 미워하나 봅니다.

다시 나를 당신에게 건네주는 걸 보니. 단명하게 내 어머니가

나를 낳았군요. 늙은 알테스의 딸 라오토에가. (21권 74~85)[37]

이처럼 무기력한 소망에 대한 대답은 이렇습니다.

자, 친구! 너도 또한 죽어라. 왜 그다지도 한탄하는가?

37　뤼카온이 아킬레우스에게 애원하는 말입니다.

파트로클로스도 죽었고, 그는 너보다 훨씬 가치가 있었다.

그리고 나는, 너도 보듯이, 얼마나 아름답고 훌륭한가?

나는 고귀한 종족이고 여신이 내 어머니다.

하지만 내게도 또한 죽음과 가혹한 운명이 씌어 있다.

아침일 수도 저녁일 수도 또는 한낮일 수도 있을 것이다.

내게서도 또한 무기들이 생명을 앗아 갈 때가. (21권 106~113)[38]

    살려고 하는 열망을 자신 안에서 지워야만 했던 사람이 다른 사람의 생명을 존중하려면 자신의 심정을 넘어서는 너그러움을 가지려 노력해야 합니다. 호메로스의 어떤 전사도 그런 노력을 할 만한 역량을 갖추지 못했지요. 어쩌면 특정한 방식으로 이 시의 중심을 이룬다고 할 수 있을 파트로클로스를 예외로 친다면 말입니다. 파트로클로스는 "모든 사람을 따뜻하게 대할 줄 알았"고(17권 671), 『일리아스』 안에서 어떤 거칠거나 잔혹한 일도 행하지 않습니다. 하지만 우리는 몇 명이나 알고 있을까요? 수천 년의 역사 속에서 그런 신적인 너그러움을 보여 준 사람을 말이지요. 아마도 둘이나 셋을 넘지 못할 것입니다. 그런 너그러움을 갖지 못했기 때문에, 승리한 군인은 자연의 징벌과도 같습니다. 그는 전쟁에 사로잡힌 노예입니다. 비록 전혀 다른 방식으로 사물이 되었지만 말입니다. 말parole들은 물질에 영향을 미칠 수 없듯이 승리한 군인에게도 영향을 미치지 못합니다. 승리

38 아킬레우스가 뤼카온에게 하는 말입니다.

한 군인이건 물질이건 힘과 접촉하면, 힘의 불가피한 효과 아래 놓이지요. 접촉하는 모든 것의 입을 막거나 귀를 멀게 해 버리는 효과가 그것입니다.

그런 것이 바로 힘의 본성입니다. 사람을 사물로 변화시키는 힘의 권력은 이중적이고, 두 측면을 통해 행사됩니다. 힘은 상이하게, 하지만 평등하게, 힘에 당하는 영혼들과 힘을 행사하는 영혼들을 굳어지게 합니다. 이 속성은 전쟁의 한복판에서 정점에 이릅니다. 전투가 어떤 결정을 향해 치닫는 시점부터 말입니다. 전투를 결정짓는 것은 계산하고 궁리하고 결단을 내리며 그 결단을 실행하는 사람들이 아닙니다. 전투는, 그럴 능력이 없는, 전적으로 수동적인 부동의 물질로 전락한 사람들과 단지 충동에 불과한 눈먼 힘으로 전락한 사람들 사이에서 결정됩니다. 이것이 전쟁의 최종적 비밀이고,『일리아스』는 여러 비교를 통해 이를 드러냅니다. 그런 비교를 통해 바라보면, 전사들은 재앙의 눈먼 원인을 이루는 화재, 홍수, 바람, 사나운 짐승들을 닮았거나, 외적 힘들의 폭력에 의해서만 움직이는 모든 것, 즉 겁먹은 동물, 나무, 물, 모래를 닮았습니다. 그리스인과 트로이아인은 매일매일 또는 매시간 서로 차례를 바꿔 가며 이 둘 사이를 왔다 갔다 합니다.

마치 살육을 욕망하는 사자가 소들을 공격하듯이.
늪이 널린 넓은 초원에서 풀을 뜯으며

무수히 떼 지어 있는 소들을. (15권 630~632)

〔…〕

모든 소가 두려움에 떤다. 그처럼 그때 아카이오이족은

공포에 사로잡힌 채 헥토르와 아버지 제우스에 쫓겨 달아났다.

모두가 〔…〕 (15권 636~638)[39]

마치 파괴적인 불씨가 깊은 숲에 떨어지면

도처를 선회하며 바람이 불길을 옮겨 나무들이

사나운 불의 압박 아래 뿌리가 뽑히고 쓰러지듯,

그처럼 아트레우스의 아들 아가멤논은 머리를 베었다.

달아나는 트로이아인들의 머리를. (11권 155~159)[40]

전쟁의 예술은 다만 이러한 전환들을 만들어 내는 예술일 뿐이지요. 장비들, 기법들, 적의 살해는 이 효과를 불러일으키기 위한 수단일 뿐입니다. 그 예술이 겨냥하는 진짜 대상은 병사들의 영혼 자체입니다. 하지만 그런 전환들은 언제나 신비를 내포합니다. 신들이 사람들의 상상력을 자극해서 그런 신비를 지어내는 것이지요. 어쨌거나 사물화pétrification의 이 두 속성은 힘의 본질에 따른 것입니다. 힘과 접촉한 영혼은, 일종의 기적이 아니라면, 거기서 빠져나오지 못합니다. 그런 기적은 드물고 빨

---

39 헥토르가 그리스 함대를 공격하는 장면입니다.

40 아가멤논이 트로이아인들을 공격하는 장면입니다.

리 사라집니다.

　자신이 소유한 또는 마음대로 처리할 수 있다고 여기는 사람과 사물을 함부로 다루는 자들의 경박함, 군인들의 파괴 행위를 부추기는 절망감, 노예와 패자를 짓밟기, 대량 학살, 이 모든 것이 그리는 것은 참혹하기 짝이 없는 단 하나의 그림입니다. 힘만이 유일한 주인공이지요. 만일 여기저기 흩뿌려져 있는 빛나는 순간들이 없다면, 오직 음울한 단조로움만이 존재할 겁니다. 그 짧고 신적인 순간 속에서 사람들은 영혼을 지닙니다. 곧바로 힘의 제국에 의해 사라지겠지만, 영혼은 그처럼 한순간 깨어 있습니다. 순수하고 온전하게. 그 순간엔 애매하고 복잡한 심정이나 혼란 같은 것이 없습니다. 오직 용기와 사랑만이 있을 뿐이지요. 이따금 어떤 사람이 스스로 숙고한 끝에 자신의 영혼을 되찾습니다. 헥토르가 트로이아를 마주하고 그랬듯, 신이나 다른 사람의 도움 없이 홀로 운명을 마주하려 할 때 말입니다. 사람들이 자신의 영혼을 되찾는 또 다른 순간은 서로 사랑할 때입니다. 『일리아스』에는 사람들 사이에 존재하는 모든 형태의 순수한 사랑이 등장합니다.

　수많은 세대가 뒤바뀐 후에도 환대의 전통은 눈먼 전투보다 더 귀중한 것입니다.

그러니 저는 당신을 아르고스 한복판에서 기꺼이 영접할
　　것입니다. (6권 224)
〔…〕

그러므로 우리는 창을 겨누지 말기로 합시다. 서로 뒤섞여 있을
 때도. (6권 226)[41]

부모에 대한 자식의 사랑, 아들에 대한 아버지와 어머니의 사
랑도 끊임없이 언급되지요. 짧게, 그러나 마음을 건드리면서.

테티스가 대답했다. 눈물을 철철 흘리면서.
"너는 내게서 단명하게 태어났구나, 내 아들아. 네가 말하듯이."
 (18권 94~95)[42]

형제들 사이의 사랑도 등장합니다.

저의 세 오빠, 한 어머니가 제게 낳아 주신
그토록 사랑스러운 〔…〕 (19권 293~294)[43]

불행을 마주한 부부 간의 사랑은 놀랍도록 순수합니다. 남편
은 사랑하는 아내가 겪을 치욕스러운 노예 생활을 언급하지만,
생각하는 것만으로도 그들의 사랑을 훼손할 수 있을 것을 감춥
니다. 또 죽음을 맞을 남편에게 건네는 아내의 말보다 명쾌한 것

41 서로 마주한 디오메데스와 글라우코스가 서로의 가족을
결합시켰던 환대의 전통을 상기하는 내용의 일부입니다.
42 테티스가 아들인 아킬레우스에게 하는 말입니다.
43 브리세이스의 한탄입니다.

은 없습니다.

〔…〕 나로선 차라리
만일 당신을 잃게 된다면 땅속에 묻히는 편이 낫습니다. 내겐 더
　　이상
어떤 의지처도 없을 거예요, 당신이 운명을 마주하게 되면.
오직 고통만이 있을 거예요. (6권 410~413)[44]

　죽은 남편에게 건네는 말도 마찬가지로 감동적입니다.

여보! 당신은 너무 빨리 죽었군요, 그토록 젊게. 나는 과부가
　　됐고요.
당신은 나를 집에 홀로 남겨 놓았어요. 불행한 당신과 나 사이에
태어난 아이는 아직 아주 어려요. 내 생각엔
그 아이가 자라서 어른이 될 수 있을 것 같지가 않군요. (24권
　　725~728)
〔…〕
당신은, 침대 위에서 죽어 가면서 내게 손을 건네지도 않았고,
따뜻한 말을 남기지도 않았어요. 내가 언제나,
밤낮으로 눈물을 쏟으며 그것을 떠올릴 수도 없게. (24권
　　743~745)[45]

44　안드로마케가 남편인 헥토르에게 하는 말입니다.

가장 아름다운 우정인 전우들 사이의 우정은 마지막 노래들의 주제를 이룹니다.

> 〔…〕 그러나 아킬레우스는
> 울면서, 사랑하는 전우를 생각했다. 잠은 모든 걸 삼키면서도
> 그만은 사로잡지 못했다. 그는 이리저리 뒤척이며 〔…〕 (24권 3~5)

하지만 사랑의 가장 순수한 승리는, 전쟁이 가질 수 있는 최고의 은총은, 필생의 적들의 가슴에 생겨나는 우정입니다. 이 우정은 죽은 아들, 죽은 친구를 위한 복수에의 굶주림을 소멸시킵니다. 이 우정은 자비를 베푸는 사람과 간청하는 사람 사이의 거리, 승자와 패자 사이의 거리를 더 큰 기적을 통해서 지워 버립니다.

> 하지만 먹고 마시려는 욕망을 채운 뒤
> 다르다노스의 후손 프리아모스는 아킬레우스를 보고 감탄했다.
> 그가 얼마나 크고 아름다웠는지! 그는 신처럼 보였었다.
> 다른 한편, 아킬레우스도 다르다노스의 후손 프리아모스를 보고
> 탄복했다,
> 그의 아름다운 모습을 보고서, 그의 말들을 듣고서.
> 그들은 서로를 충분히 만족할 만큼 바라본 다음 〔…〕 (24권

45 헥토르가 죽은 뒤 안드로마케가 하는 한탄입니다.

628~633)

『일리아스』에서 이런 은총의 순간들은 드뭅니다. 하지만 폭력이 파괴하고 또 파괴할 것들을 절감하고 비통하게 후회하도록 하기엔 충분하지요.

그런데, 계속해서 와 닿는, 달랠 길 없는 쓰라림에 대한 강조가 없었다면 이처럼 쌓이고 쌓이는 폭력이 차디차게만 느껴졌을 겁니다. 종종 단 하나의 단어로, 심지어는 시구를 자르거나 다음 행으로 넘기는 것만으로 그런 강조를 했지만 말입니다. 이로 인해 『일리아스』는 고유합니다. 따뜻한 애정으로부터 생겨나는, 햇빛처럼 모든 사람에게 관여하는, 슬픔으로 인해 말입니다. 『일리아스』의 음조는 슬픔에 젖어 있지 않을 때가 없습니다. 그러나 한탄으로 기울진 않지요. 정의와 사랑은 이 극단적이고 불의한 폭력의 그림 속에서 결코 자리가 없을 듯하지만, 억양 accent을 통해 은밀히 감지되는 자신들의 빛으로 이 그림을 비춥니다. 소멸할 것이건 아니건 눈여겨볼 가치가 있는 그 어떤 것도 등한시되지 않습니다. 즉 모든 사람의 고통을 드러냅니다. 감추거나 혐오하지 않으면서. 그 누구도 모두가 공유하는 조건 위에 있거나 아래에 있지 않습니다. 파괴된 모든 것을 가슴 아파합니다. 승자와 패자는 똑같은 이웃들이고 똑같은 자격을 지닌, 시인과 청중의 동료들입니다. 만일 어떤 차이가 있다면, 어쩌면, 적의 불행을 더욱 고통스럽게 체감한다는 것입니다.

그리하여 그는 그곳에 쓰러져 깊은 잠에 들었다.
가련하게, 아내로부터 멀리 떨어져, 자신의 사람들을 지키다가.

    (11권 241~242)[46]

아킬레우스가 렘노스에서 팔아넘긴 청년〔뤼카온〕의 운명은
다음과 같은 억양으로 환기됩니다.

열하루 동안 그는 사랑하는 친구들 사이에서 사무치게 행복한
    나날을 보냈다.
렘노스에서 돌아온 이후에! 열이틀째 되는 날 또다시
아킬레우스에게 신이 그를 넘기니, 아킬레우스는
그를 하데스〔지옥〕로 보내야만 했다. 그가 떠나기 싫어했지만.

    (21권 45~48)

또 전쟁터에서 단 하루를 보낸 에우포르보스의 운명은 이렇
습니다.

피로 적셔졌다. 카리스 여신들의 것과 같은 그의 머리카락이.

    (17권 51)[47]

------

46   결혼한 날 전쟁에 출정한 이피다마스가 아가멤논에 의해
죽임을 당하는 장면의 일부입니다.
47   아가멤논의 동생인 메넬라오스가 트로이아인
에우포르보스를 죽이는 장면입니다.

사람들은 헥토르를 이렇게 애도합니다.

〔…〕 정숙한 부인들과 어린 아이들을 지키는 사람. (24권 730)

이 단어들로 충분합니다. 힘이 어떻게 순결을 더럽혔고 아이들이 어떻게 무기에 건네졌는지를 드러내기 위해서는 말입니다. 헥토르가 자신의 생명을 건지려고 그 옆을 뛰어 지나갈 때, 트로이아 성벽 아래 샘물은 가슴을 후비는 향수鄕愁의 대상이 됩니다.

그곳 샘물엔 넓은 빨래터들이 바로 옆에
아름답게 돌로 만들어져 있었고, 반짝이는 옷들을
트로이아의 부인들과 아름다운 처녀들이 빨았다.
그 옛날 평화로웠던, 아카이오이족이 오기 이전의 시절에.
그 옆을 그들이 뛰어간다. 도망가면서, 그리고 한 사람은 뒤를
　　쫓으며. (22권 153~157)[48]

『일리아스』전체가 사람들 사이에 있을 수 있는 가장 큰 불행의 그림자로 덮여 있습니다. 도시의 파괴가 바로 그 불행이지요. 만일 시인이 트로이아에서 태어났더라도, 이 불행을 더 비통하게 다룰 순 없었을 겁니다. 하지만 고향에서 멀리 떨어져 죽어

48　아킬레우스가 헥토르를 뒤쫓는 장면입니다.

가는 아카이오이족 전사들을 다룰 때도 시인은 똑같은 어조를 유지합니다.

평화로운 세계에 대한 간결한 언급은 마음을 아프게 합니다. 다른 삶, 생명을 가진 사람들의 삶을 고요하고 충만하게 드러냈기 때문입니다.

새벽이 지나 날이 밝아 오자
양측에서 화살과 투창이 날아오고 사람들이 쓰러졌다.
그러나 나무꾼이 식사를 준비할 때가 다가오는 시간에,
산골짜기에서 큰 나무들을 베느라
팔에 힘이 빠지고 피로가 가슴까지 파고들어
따뜻한 음식을 먹고픈 욕망이 내장에서 치밀어 오를 시간에,
용기를 낸 다나오스의 전사들이 적의 대열을 돌파했다. (11권
    84~90)[49]

『일리아스』에선 전쟁에서 찾아볼 수 없는 모든 것, 전쟁이 파괴하고 위협하는 모든 것이 시적으로 표현됩니다. 하지만 전쟁과 관련해선 전혀 그렇지 않습니다. 삶에서 죽음으로 옮겨 가는 과정은 아무런 숨김 없이 묘사됩니다.

이빨들이 튀어 날아가고, 두 개의 눈에선

---

49 아가멤논의 전공戰功을 묘사하기 직전의 내용입니다.

피가 흘러내렸다. 입술과 콧구멍으로 피를 내뿜었다,

입을 벌리고선. 죽음이 검은 먹구름으로 그를 둘러쌌다. (16권 348~350)[50]

　전쟁이 벌이는 일들의 차가운 잔혹성은 아무것도 감춰지지 않습니다. 승자나 패자를 찬양하지도 경멸하지도 증오하지도 않기 때문입니다. 거의 언제나 운명과 신들이 전투 결과의 뒤바뀜을 결정합니다. 운명이 결정한 한계 속에서 신들은 전권을 갖고서 승리와 패배를 배분합니다. 평화를 매번 가로막는 광기와 배반을 부추기는 건 언제나 신들입니다. 전쟁은 신들의 고유 업무고, 신들을 움직이는 건 변덕과 간교함입니다. 전사들을, 승자건 패자건, 동물 및 사물과 비교할 때가 있는데, 그런 비교는 찬양이나 경멸을 불러일으키는 게 아니라, 오히려 사람이 그처럼 변할 수 있다는 슬픔을 느끼게 합니다.

　놀라운 공평함이 『일리아스』를 이끄는데, 어쩌면 그런 공평함을 갖춘 다른 예들이 있을지도 모르겠습니다. 하지만 『일리아스』의 공평함을 모방한 작가는 없습니다. 『일리아스』를 쓴 시인이 트로이아인이 아니라 그리스인임을 알아차리기는 힘듭니다. 시의 음조는 가장 오래된 싸움의 발생을 직접 증언하는 듯합니다. 어쩌면 역사학은 결코 그것을 우리에게 정확하게 드러내

50　크레테의 왕인 이도메네우스가 트로이아인 에뤼마스를 죽이는 장면입니다.

주지 못할 겁니다. 투키디데스의 말을 받아들인다면, 트로이아가 파괴되고 80년이 지난 뒤 이번엔 아카이오이족이 정벌을 당합니다.[51] 그렇다면 우리는 질문할 수 있습니다. 가슴속 얘기들을 거의 발설하지 않는 이 노래들은 어쩌면 망명할 수밖에 없었던 어떤 패자들의 노래가 아닐까요? 트로이아의 성벽 앞에 쓰러진 그리스인들처럼 "고향에서 멀리 떨어진 곳에서"(18권 99) 살고 죽을 수밖에 없었던 그 망명자들은, 트로이아인들처럼 자신의 도시를 빼앗긴 그 망명자들은, 조상인 승자들에게서도 자신의 모습을 보지만 그들처럼 고난을 당했던 패자들에게서도 자신의 모습을 봅니다. 아직 오래되지 않은 이 전쟁의 진실은 해가 갈수록 그들에게 드러날 것입니다. 도취적인 자만심이나 모멸감에 가려지지 않은 채로. 그들은 승자인 동시에 패자로서 그 전쟁을 떠올릴 수 있고, 모두 눈이 멀 수밖에 없는 승자나 패자로선 결코 알 수 없는 것을 깨우칠 겁니다. 그것은 단지 꿈입니다. 이미 그만큼 멀어져 간 시간에 대해 우리가 할 수 있는 건 꿈을 꾸는 것 말곤 거의 없습니다.

어쨌거나 이 시는 기적적인 것입니다. 이 시에서 회한은, 회한을 일으키는 유일하게 정확한 원인에 따른 것입니다. 즉 사람의 영혼이 힘에 종속되는 것, 다시 말해 결국엔 물질에 종속되는 게 그 원인입니다. 모든 사멸할 존재는 똑같이 이런 종속에 빠져들 수밖에 없습니다. 영혼이 어떤 미덕을 갖췄느냐에 따라 차

---

51 투키디데스, 『펠로폰네소스 전쟁사』, 1권 12장, 4.

이가 나겠지만 말입니다.『일리아스』의 그 누구도 거기서 빠져나오지 못하고, 지상의 그 어떤 존재도 거기서 빠져나오지 못합니다. 그 누구도 힘에 무릎 꿇는다고 경멸당하지 않습니다. 영혼 안에서 그리고 인간 관계들 안에서 힘의 제국을 빠져나온 모든 사람은 사랑받습니다. 하지만 그 사랑은 고통스럽습니다. 언제 닥칠지 모르는 파괴의 위험 때문입니다. 이와 같은 것이 서양 세계가 지닌 유일하게 진정한 서사시의 정신입니다.『오뒷세이아』는『일리아스』와 동양의 시들을 훌륭하게 모방했을 뿐입니다. [베르길리우스의]『아이네이스』도 모방일 뿐이고, 무척이나 빛나지만 냉담함과 허식과 나쁜 취향으로 인해 훼손됐습니다. 무훈시들은 공정하지 못하고, 그러므로 위대할 수 없습니다. 이를테면『롤랑의 노래』의 저자나 독자들은 적의 죽음을 롤랑의 죽음만큼 아파하질 않는다는 것이지요.

아티카 비극은, 적어도 아이스퀼로스나 소포클레스의 비극은 진정으로 서사시를 이어 나갑니다. 정의에 대한 생각은 이 비극들을 비추지만 끼어들진 않습니다. 힘은 차가운 잔혹함 속에서 드러나는데, 힘을 사용하는 사람이건 그로 인해 고통받는 사람이건 힘이 촉발하는 재난에서 빠져나가지 못합니다. 힘의 구속 아래 영혼이 당하는 굴욕은 감춰지지도, 손쉬운 연민으로 포장되지도, 경멸되지도 않습니다. 불행이 쌓여 상처받는 몇몇 존재는 경탄의 대상이 되지요. 복음서는 그리스적 천재성을 마지막으로 놀랍게 표현합니다.『일리아스』가 그리스적 천재성의 첫 번째 표현이었다면 말입니다. 복음서에서 그리스 정신은, 그 어떤 재물보다 먼저 찾아야 할 것으로 "천상의 아버지의 나라와 정의"[52]를 제시하는 것에 그치지 않습니다. 그것은 또한 인간적 처참함을 인간이자 동시에 신적인 존재를 통해 제시합니다. 수난 이야기들은 몸과 결합한 신적 정신이 불행으로 인해 변화하고, 고통과 죽음 앞에서 두려워하고, 사람들과 신에게서 분리됐음을 깊은 절망 속에서 느끼는 모습을 보여 줍니다. 인간적 처참함에 대한 감성은 수난 이야기들에 단순성이라는 악센트를 부여합니다. 그런데 그런 단순성은 그리스 정신의 특색이고, 아티카 비극과 『일리아스』가 갖는 가치의 전적인 원천입니다. 수난 이야기의 어떤 특정한 말들은 서사시의 음조와 야릇하게 비슷한 음조를 갖습니다. 그리스도가 베드로에게 "낯선 사람이 당신의 허리를 묶고선 당신이 원하지 않는 곳으로 끌고 갈 겁니다" 라고 말할 때,[53] 원하지 않던 하데스로 떠나간 트로이아 청년들이 떠오르듯이 말입니다. 이런 특징은 복음서를 이끄는 생각들과 분리될 수 없습니다. 인간적 처참함에 대한 감성은 정의와 사랑의 조건이기 때문이지요. 다양한 운명과 필연성이 모든 인간의 영혼을 어느 정도로까지나 종속시키는지를 모르는 사람은 우연이 만들어 낸 심연에 의해 자신과 분리된 사람들을 이웃으로 여기거나 자신처럼 사랑할 수 없습니다. 사람들을 짓누르는 구속의 다양성은 같이 어울릴 수 없는 종류의 사람들이 있다

---

52 마태오 복음 6장 33절.
53 요한 복음 21장 18절.

는 환상을 그들에게 갖게 합니다. 우리는 다음 조건을 충족시켜야만 사랑할 수 있고 정의로울 수 있습니다. 힘의 제국을 인식하고, 힘의 제국을 존중하지 않을 줄 알아야 한다는 것.

사람의 영혼과 운명의 관계라는 문제, 각각의 영혼이 어떤 조건에서 자신만의 길을 만들어 낼 수 있는지의 문제, 여러 가지 숙명의 지배하에서 냉혹한 필연성이 어떻게 영혼을 변화시키는지의 문제, 미덕과 은총을 통해 온전히 지켜 낼 수 있는 것은 무엇인지의 문제 등은 솔깃한 거짓말들이 손쉽게 행해지는 대상들입니다. 교만함, 창피함, 증오, 경멸, 무관심, 잊어버리거나 무시하려는 욕망 등은 그런 거짓말을 밀어붙이는 것들이지요. 특히, 불행을 정확히 표현하는 것보다 어려운 것은 없습니다. 불행을 꾸미려 하면서 거의 언제나 우리는 다음처럼 믿는 척합니다. 불행한 사람은 몰락에 이르는 타고난 성향이 있다고, 영혼이 아무 각인을 받지 않고서도, 자신만의 경로를 통해 모든 생각을 바꾸지 않고서도 불행을 떠맡을 수 있다고. 하지만 무척 많은 경우에 그리스인들은 자신을 속이지 않을 수 있는 영혼의 힘을 지녔었습니다. 그들은 그 보상을 받았고, 모든 것과 관련해 가장 높은 명석함, 순수함, 단순함에 이르렀습니다. 그리고 『일리아스』에서부터 철학자들과 비극 시인들을 거쳐 복음서로까지 이어진 정신은 그리스 문명의 그런 특성을 견지했습니다. 하지만 그리스가 파괴된 다음엔 그 파편들만 남았을 뿐이지요.

로마인들과 히브리인들은 자신들이 인류에 공통적인 처참함에서 벗어나 있다고 믿었습니다. 로마인들은 스스로를 세계를 지배하도록 운명적으로 선택받은 민족이라 여겼고, 히브리인들은 자신들의 복종에 대한 정확한 대가로 신이 지켜 준다고 믿었습니다. 로마인들은 이방인, 적, 패자, 예속민, 노예를 멸시했습니다. 그러므로 그들에겐 서사시도 비극도 없습니다. 그들은 비극을 검투사들의 경기로 대체했지요. 히브리인들은 불행을 죄의 징표로 여겨 떳떳이 경멸할 수 있다고 믿었습니다. 그들은 패배한 적들을 신이 증오하는 존재로 여겼고, 그래서 이들을 잔혹하게 대하면서 심지어 그것이 불가피하다고 믿었습니다. 그러므로 구약의 어떤 텍스트도 그리스 서사시를 닮은 음성을 갖지 못합니다. 어쩌면 욥기의 어떤 부분만이 예외일 수 있겠지요. 로마인과 히브리인이 칭송받고, 말과 행동이 모방되고, 인용된 것은 이천 년의 그리스도교 역사에서 범죄를 정당화할 필요가 있을 때뿐이었습니다.

더욱이 복음서의 정신은 그리스도교인의 후속 세대들에게 순수한 상태로 전해지지 않았습니다. 이미 그 최초의 시기부터 순교자들은 은총의 상징처럼 여겨졌지요. 고통과 죽음을 기쁘게 받아들였다는 이유에서입니다. 마치 은총의 효과가 그리스도에게서보다 사람에게서 더 혁혁하게 나타날 수 있다는 듯이 말입니다. 사람이 된 신 자신도 눈앞에 펼쳐질 운명의 가혹함을 불안에 떨면서 맞을 수밖에 없었다는 걸 생각해 본 사람은 다음의 것을 이해해야만 할 것입니다. 눈앞에 펼쳐질 운명의 가혹함을 환상이나 취기 또는 판타즘을 통해 감출 수 있는 사람들만이 인간적 처참함을 넘어선 듯한 겉모습을 취할 수 있다는 것. 힘은 거짓의 갑옷에 의해 보호받지 않는 사람의 영혼에까지 고통을 가합니다. 은총은 그럼에도 그 사람이 파괴되지 않게 보호하지요. 하지만 상처받는 걸 막지는 못합니다. 이제 그리스도교의 전통은 단순성을 지나치게 상실해서 아주 드물게만 되찾을 뿐입니다. 수난 이야기의 각각의 문장들에서 폐부를 찌르는 고통을 느끼게 해 준 단순성을 말입니다. 다른 한편 강제 개종의 전통은 힘이 그런 강제를 행하는 사람들을 어떻게 바꿔 버리는지를 감춰 버립니다.

르네상스 때 그리스 문학을 발견함으로써 생겨났던 짧은 취기에도 불구하고, 이천 년 역사에 걸쳐 그리스의 천재성이 부활한 적은 없습니다. 그 천재성 가운데 어떤 것이 프랑수아 비용, 셰익스피어, 세르반테스, 몰리에르에게서, 그리고 라신에게서도 한 차례 드러났을 뿐이지요.『아내들의 학교』나『페드르』에서 인간적 처참함은 사랑과 관련해 발가벗겨집니다. 하지만 참으로 이상한 세기였습니다. 서사시의 시대와는 반대로 인간의 처참함이 사랑을 통해서만 파악되고, 전쟁과 정치에서 행사되는 힘의 효과들이 언제나 영광으로 둘러싸인 시대였으니까요. 어쩌면 그 밖에 다른 이름들도 거론할 수 있을 겁니다. 하지만 유럽 사람들이 만들어 낸 그 어떤 것도 그 가운데 한 나라에서 최초로 등장한 시의 가치를 따라가진 못합니다. 어쩌면 그들은, 만일 다음의 것들을 알게 된다면, 서사시적 천재성을 되찾을 수도 있을 것입니다. 운명으로부터의 피난처를 절대로 믿지 않는 것, 힘을 결코 찬양하지 않는 것, 적들을 증오하지 않는 것, 불행한 사람들을 멸시하지 않는 것이 그것들입니다. 하지만 가까운 시기에 이것들이 이루어질 수는 없겠지요.

마르크스주의적 독트린은

존재하는가

마르크스주의적 독트린은 존재하는가[1]

    많은 사람이 스스로를 마르크스주의 독트린의 반대자, 지지자 또는 미온적 지지자라고 천명합니다. 마르크스주의적 독트린이 존재하는가라고 질문하는 일은 거의 없습니다. 그토록 많은 논쟁을 촉발했던 것이 존재하지 않는다고 상상하긴 어렵기 때문입니다. 하지만 그런 경우가 종종 있습니다. 그러므로 이 질문을 던지고 검토할 필요가 있습니다. 주의 깊게 검토한다면, 어쩌면 부정적인 대답이 나올 수도 있습니다.[2]

    사람들은 일반적으로 마르크스가 유물론자라는 데 동의합니다. 하지만 그가 언제나 유물론자였던 건 아닙니다. 젊었을 때 그는 프루동과 근본적으로 아주 비슷한 생각을 갖고 노동 철학을 발전시키려 했습니다. 하지만 노동 철학은 유물론적인 게 아닙니다. 노동 철학은 인간에 관련된 모든 문제를 하나의 행위 주

---

1 「마르크스주의적 독트린은 존재하는가」는 1943년 런던에서 쓴 미완성 원고입니다. 『전집』 V-1권(2019)에 수록되어 있습니다.
2 『전집』 V-1권의 편집자 주에 따르면, 베유는 이미 1937년에 쓴 「마르크스주의의 모순들에 대하여」에서 다음처럼 말했습니다. "마르크스주의는 결코 존재한 적이 없고, 다만 양립할 수 없는 여러 단언만 있습니다. 그 가운데 어떤 것들은 근거가 있고 어떤 것들은 없습니다"(『전집』 II-2권 140쪽).

변에 배치합니다. 물질을 직접적이고 실질적으로 장악하는 이 행위는 적대적인 항項에 대한 인간의 관계를 내포하는 것입니다. 적대적인 항이란 물론 물질이지요. 인간은 그 적대적인 항으로 회귀하는 게 아니라 그것에 대립하는 것입니다.

그 길 속에서 마르크스는 밑그림의 밑그림도 그려 내지 못했습니다. 겨우 몇 가지 지표를 제시했을 뿐이지요. 다른 한편 프루동은 많은 혼돈 속에 약간의 빛을 비췄을 뿐입니다. 그러니 노동 철학은 이제 만들어 내야 하는 것입니다. 아마도 노동 철학은 필요불가결한 것일 겁니다. 아마도 노동 철학은 지금 이 시대에 특히나 필요한 것일 겁니다. 우리는 몇 가지 표지標識를 통해 지난 세기에 노동 철학의 배아가 형성되었음을 알 수 있습니다. 하지만 그 배아로부터 아무것도 생겨나질 않았습니다. 그러니 노동 철학을 만들어 내는 건 어쩌면 우리 세기의 일일 것입니다.

그런데 젊은 마르크스는 19세기에 무척 빈번했던 '사고'事故를 당합니다. 이 사고는 그를 심각하게 사로잡았지요. 즉 그는 인류의 구원을 위해 자신에게 결정적 역할이 부여됐다는 일종의 메시아적 환상을 갖게 된 것입니다. 이때부터 그는 완전한 의미에서 생각이라고 할 수 있을 생각을 하는 능력을 상실합니다.[3] 그는 자신 안에 싹트던 노동 철학을 포기합니다. 물론 자신의 글

---

3 『전집』V-1권의 편집자 주에 따르면, 베유는 「마르크스주의의 모순들에 대하여」에서 마르크스가 "자신의 열망에 부합하는 미래를 예단하기 위한 도구로 자신의 방법을 이용했습니다"(『전집』II-2권 135쪽)라고 단언합니다.

들 여기저기서 노동 철학에서 영감을 받은 내용을 계속 제시하긴 했지만, 그것도 시간의 흐름에 따라 점점 드물어집니다. 독트린을 만들어 내기엔 역부족인 상태에서 그는 당시 유행하던 두 가지 믿음을 받아들입니다. 둘 다 모두 빈약하고 피상적이고 보잘것없었고, 더욱이 함께 사고하기는 불가능한 것들이었습니다. 하나는 과학주의였고 다른 하나는 유토피아적 사회주의였지요.

이 둘을 함께 받아들이려고 마르크스는 허구적인 통일성을 설정합니다. 그 의미를 물으면 일종의 감정적 상태를 드러내는 것 말고는 어떤 의미도 제시하지 못하는 그런 정식formule들을 통해서 말입니다. 하지만 저자가 능란하게 단어들을 선택하면 독자는 그런 질문을 던지는 무례를 범하기 힘들지요. 어떤 정식이 의미를 덜 가질수록, 생각의 부당한 모순들을 감추려는 베일은 더 두터워지는 법입니다.

물론 그렇다고 마르크스가 독자를 속이려는 의도를 가졌다는 건 아닙니다. 그가 살아가기 위해 속일 필요가 있던 독자는 그 자신이었지요. 그래서 그는 자신의 착상들의 근저를 형이상학적인 구름들로 둘러쌉니다. 그런데 이 형이상학적 구름들은 일정한 시간 동안 한눈팔지 않고 바라보면 투명해지고 텅 빈 것으로 드러납니다.

마르크스는 이 두 체계를 기성품처럼 받아들이고선 허구적 연결성을 만들어 냈지만, 재검토도 했습니다. 그의 정신은 독트린을 만들어 내기엔 역부족이었지만, 그럼에도 몇 가지 천재적인 생각을 해낼 순 있었습니다. 그래서 그의 저술엔 밀도 높고 불변하는 진실의 조각들이 있습니다. 이 조각들은 당연히 모든 진정한 독트린 속에서 자신의 자리를 찾을 수 있는 것들이지요. 그것들은 그리스도교와도 양립할 수 있을 뿐 아니라, 그리스도교에 무한히 귀중한 것입니다. 그러니 마르크스로부터 그 조각들을 되살려야 합니다. 이는 그리 어려운 일이 아닌데, 오늘날 마르크스주의라고 칭해지는 것, 다시 말해 마르크스에게서 비롯됐다는 생각의 흐름이 그 조각들을 사용하지 않기 때문입니다. 진실은 건드리기에 아주 위험한 것이어서 그렇겠지요. 진실은 폭발물입니다.

19세기 과학주의는 다음과 같은 믿음이었습니다. 이미 획득된 과학적 성과들을 당대의 과학이 뒤따라 걷기만 하면, 사람들이 제기하는 모든 문제에 예외 없이 확실한 답을 얻어 내리라는 믿음이 그것입니다. 하지만 실제로 벌어진 일은, 약간의 확장을 이뤄 낸 다음에 과학 자체가 삐걱거리기 시작했다는 것입니다. 오늘날 각광받는 과학은, 비록 19세기 과학에서 도출됐지만, 전혀 다른 과학입니다.[4] 19세기의 과학은 이제 박물관에서 '고전적

---

4 『전집』 V-1권의 편집자 주에 따르면, 베유는 『전집』 IV-1권에 실린 「과학과 우리」 139쪽에서 다음처럼 말합니다. "우리는 알아차리지도 못한 채로 과학을, 또는 적어도 지난 4세기 동안 과학이라고 칭하던 것을 잃어버렸습니다. 지금 우리가 그 이름으로 소유하고 있는 건 전혀 다른 것, 근본적으로 다른 것입니다. 우리는 그게 무엇인지 잘 모릅니다."

과학'이란 이름으로 경건하게 전시되고 있습니다.

19세기 과학은 견고하게 구축되었고 단순하고 동질적이었습니다. 역학la mécanique이 그 여왕이었고, 물리학은 역학의 핵심이었지요. 물리학은 범접할 수 없는 가장 혁혁한 업적을 이룬 분야였기 때문에 자연스럽게 다른 많은 연구에 영향을 끼쳤습니다. 물리학자가 부동의 사물을 다루듯 사람을 연구해야 한다는 생각이 그때부터 생겨났고, 실제로 아주 널리 퍼져 나갔습니다. 그렇지만 일반적으로는 사람을 개인으로만 여겼습니다. 그때부터 물질은 살chair이었습니다. 혹은 원자의 심리적 등가물이 무엇인지를 정의하려고 노력했지요. 개인에 대한 이런 강박에 맞섰던 사람들은 과학주의에도 또한 반대했습니다.

마르크스는 최초로, 어쩌면 그의 연구를 이어받아 계속한 사람이 없으므로 유일하게, 다음의 두 가지 생각을 했습니다. 즉 사회를 근본적인 인간적 사실로 간주해야 한다는 것과 물리학자가 물질을 다루듯 힘 관계를 연구해야 한다는 것.

이 두 가지는 완전한 의미에서 천재적인 생각이었지요. 이것들은 학습, 연구, 탐험의 도구였고, 어쩌면 진실 앞에서 먼지가 되어 사라질 위험이 없는 모든 독트린을 구축할 수 있는 도구였습니다.

하지만 마르크스는 이 두 가지를 서둘러 불모의 것으로 만들어 버립니다. 그것들을 중시한 만큼이나 그 시대의 천박한 과학주의를 덧씌우면서 말입니다. 어쩌면 그런 일을 실행한 건 그보다 지적으로 열등했고 또 그걸 잘 알고 있었던 엥겔스일 수 있습니다. 하지만 마르크스는 자신의 권위로 그것을 감쌌지요. 그 결과 사회 구조를 규정하는 힘 관계들이 사람의 운명과 생각을 전적으로 결정하는 체계가 확립됩니다. 그런 체계는 냉혹합니다. 힘이 전부이기 때문입니다. 그러므로 정의에 대한 어떤 희망도 거기엔 없습니다. 심지어 정의에 대한 진실을 파악하리라는 희망도 없습니다. 생각은 힘 관계를 반영할 뿐이기 때문이지요.

하지만 마르크스는 따스한 가슴을 지닌 사람이었습니다. 불의한 광경은 그를 진짜로, 뼛속 깊이, 고통받게 했습니다. 이 고통은 무척이나 강렬해서, 완전한 정의가 머지않아 지상에서 실현되리라는 희망이 없었다면 그는 살 수 없었을 겁니다. 다른 많은 사람처럼 마르크스도 자신이 욕망하는 것을 가장 자명한 것으로 여겼습니다.

대부분의 인간 존재는 그것 없인 문자 그대로 그들이 살 수 없을 생각의 진실성을 의심하지 않습니다. 아르놀프가 아녜스의 정숙함을 의심하지 않듯이 말입니다.[5] 모든 영혼에게 궁극의 선택은 아마도 진실과 삶 사이의 선택일 겁니다. "삶을 지키려는 사람은 삶을 잃을 것입니다."[6] 어떤 경우에도 죽음을 받아들이지 않는 사람들에게만 관련되는 말이라면, 이 말은 가벼울 것

---

5 몰리에르의『아내들의 학교』의 내용입니다.『전집』 V-1권의 편집자 주에 따르면, 베유는 이 작품과 라신의『페드르』를 최고의 작품으로 여깁니다.
6 마태오 복음 16장 25절, 마르코 복음 8장 35절, 루가 복음 9장 24절.

입니다. 그런데 그런 사람들은 생각보다 드뭅니다. 하지만 비록 틀린 것들이더라도 그것 없인 살 수 없는 생각들을 잃지 않으려 하는 사람들에게 적용된다면, 그 말은 끔찍합니다.

마르크스가 살던 시대에 정의의 일반적인 관념은 그가 유토피아적이라 칭했던 사회주의의 것이었습니다. 얼마큼 공들여 다듬어졌느냐는 점에선 그 관념은 무척 빈곤한 것입니다. 하지만 감성의 면에선 자유, 존엄성, 복지, 행복 그리고 모두를 위한 모든 재화를 바라는 따뜻하고 인간적인 것이었습니다. 마르크스도 그걸 받아들였지요. 그는 다만 그것을 더욱 정밀하게 가다듬으려 했고, 흥미로운 생각들을 보탰을 뿐입니다. 하지만 그 생각들 가운데 진정으로 중요한 생각은 하나도 없었습니다.

마르크스가 바꿔 놓은 건 희망의 성격입니다. 인간의 진보에 근거를 둔 개연성은 그를 만족시키지 않았습니다. 그의 불안은 확실성을 요구했습니다. 그리고 우리는 확실성의 근거를 사람에 두질 않지요. 18세기는 이따금, 진짜로 이따금만, 그런 환상을 가졌지만, 혁명과 전쟁의 잔혹함이 그런 환상을 소멸시켰습니다.

그 이전의 세기들에 확실성이 필요했던 사람들은 신에 의지했지요. 그런 의지처가 사라진 건 18세기의 철학 그리고 테크놀로지의 경이로움이 인간을 한껏 드높였기 때문입니다. 하지만 곧이어 인간적인 모든 것의 근본적 불충분함이 여실히 드러났기 때문에, 사람들은 의지할 다른 걸 찾아야 했습니다. 신은 구식이 되었지요. 그래서 사람들은 물질을 선택합니다. 사람은 홀로 선善을 희망하는 것을 잠시도 견디질 못하지요. 사람에겐 전능한 동맹자가 필요합니다. 멀리 떨어져서 침묵하는 비밀스러운 정신의 전능함을 믿지 못하면, 이제 믿을 건 물질의 명백한 전능성밖에 없습니다.

바로 여기에 모든 유물론의 불가피한 부조리성이 있습니다. 오히려 선에 대한 모든 염려를 내려놓는다면, 유물론은 완전히 정합적일 것입니다. 하지만 유물론은 그러질 못합니다. 사람이라는 존재는 그 자체가, 알지 못하는 선을 향한 부단한 추구 이외의 다른 게 아니기 때문입니다. 그리고 유물론자도 사람인 것입니다. 즉 유물론자는 선을 만들어 내는 기계처럼 물질을 바라볼 수밖에 없습니다.

사람의 삶에서 본질적인 모순은 이것입니다. 사람은 존재 자체가 선에 대한 추구이기도 하면서, 동시에 그의 존재 전체 속에서, 그의 생각과 몸속에서, 선과 완전히 무관한 맹목적 힘에, 필연성에 종속되어 있다는 것. 바로 그렇기 때문에 사람의 어떤 생각도 모순을 벗어날 수 없습니다. 그렇다고 모순이 언제나 오류의 지표라고 말하려는 건 결코 아닙니다. 오히려 모순은 때때로 진실의 신호입니다. 플라톤은 그걸 알았지요.[7] 하지만 우린 모순의 정당한 용법과 부당한 용법을 구별해야 합니다.

부당한 용법은 양립할 수 없는 생각들을 마치 양립할 수 있

---

7 『전집』V-1권의 편집자 주에 따르면, 플라톤의 『국가』 7권에 준거해서 하는 말입니다.

는 것처럼 짝 짓는 것입니다. 정당한 용법은 먼저 다음과 같은 시도를 하는 것입니다. 즉 양립할 수 없는 두 가지 생각이 등장하면 적어도 둘 중 하나를 제거하기 위해 모든 지적 자원을 사용하는 것, 그러고선 그게 불가능하다면, 그리하여 그 둘 모두를 받아들여야 한다면 모순을 하나의 사실로 인정하는 것입니다. 그다음엔 모순을 두 다리를 가진 도구처럼, 핀셋처럼[8] 사용해서, 인간의 능력으론 가닿을 수 없는 진실의 초월적 영역과 직접적으로 접촉해야 합니다. 매개물이 있더라도 이 접촉은 직접적입니다. 손이 아니라 연필을 사용할 때도 책상의 꺼칠꺼칠함이 직접적인 감촉을 가져다주듯 말입니다. 이 초월적 접촉은 실재입니다. 사고할 수 없는 것과 정신 사이의 접촉이라는 점에서 본질적으로 불가능한 것과 접촉하는 것이지만 말입니다. 즉 이 접촉은 초자연적이지만 실재입니다.

초월적인 것에 이르는 통로로서 모순의 이 정당한 용법에 상응하는 어떤 등가물, 어떤 형상 같은 것이 수학에서도 자주 등장합니다.[9] 또 그리스도교 도그마에서도 핵심 역할을 합니다. 삼위일체나 강생降生 또는 전혀 다른 예들에서 볼 수 있듯이 말입

8 『전집』V-1권의 편집자 주에 따르면, 베유는『전집』VI-3권 89~90쪽에 실린 노트에서 "잡을 수 없는 것을 잡기 위한 핀셋 같은, 모순적인 것들의 결합"을 말합니다.

9 『전집』V-1권의 편집자 주에 따르면, 베유는『전집』 VI-3권 64쪽에 실린 노트에서 "수학에서 아름다움은 모순 속에 있습니다. 척도가 다르다는 것은, 즉 명명되지 않은 관계들은 수학에서 아름다움이 최초로 찬란하게 드러난 것"이라고 합니다.

니다. 다른 전통들에서도 똑같습니다. 어쩌면 그러한 것들은 진정한 종교적, 철학적 전통을 판별해 주는 지표일 수 있습니다.

그런 지표를 이루는 것은 무엇보다 핵심적인 모순, 즉 선과 필연성의 모순 또는 같은 말이지만 정의와 힘의 모순입니다. 플라톤이 말했듯이 선과 필연성은 무한한 거리만큼 떨어져 있습니다.[10] 즉 선과 필연성은 어떤 것도 공유하지 않습니다. 그 둘은 전적으로 다르지요. 우리는 이 둘에 통일성을 부여할 수밖에 없게 강제되지만, 이 통일성은 신비입니다. 이 통일성은 우리에게 비밀입니다. 알 수 없는 이 통일성에 대한 관조야말로 진정한 종교적 삶인 것입니다.

반면 그런 통일성의 허구적이고 잘못된 등가물, 인간의 능력이 파악할 수 있는 등가물을 만드는 것은 종교적 삶의 열등한 형태의 토대를 이루는 것입니다. 종교적 삶의 모든 진정한 형태에는 열등한 형태가 대응합니다. 이 열등한 형태는 겉보기엔 진정한 형태와 똑같은 독트린에 입각하지만, 실제론 그걸 이해도 못하지요. 그런데 그 반대의 관계는 성립하지 않습니다. 오직 열등한 종교적 삶에만 속하는 생각의 방식들이 있습니다.

그런 점에서 모든 유물론은, 선을 자동적으로 만들어 내는 역할을 물질에 떠맡기는 한에서, 종교적 삶의 열등한 형태로 분류될 수 있습니다. 이는 생산을 진정 종교적으로 강조했던 자유

10 『전집』 V-1권의 편집자 주에 따르면, 플라톤의 『국가』 6권 493c에 준거해서 하는 말입니다.

주의의 사도들인 19세기 부르주아 경제학자들을 통해서도 입증되는 것입니다. 그런데 마르크스주의를 통해선 더 잘 입증됩니다. 마르크스주의는 그 말의 가장 불순한 의미에서 완전한 종교입니다. 즉 마르크스주의는 다음의 사실을 종교적 삶의 모든 열등한 형태와 공유하지요. 마르크스 자신의 너무나 정확한 표현을 빌리자면, 부단히 "인민의 아편"처럼 사용된다는 사실이 그것입니다.

플라톤에게서 찾아볼 수 있는 것 같은 영성spiritualité은 단지 어떤 뉘앙스에 의해, 무한히 작은 어떤 것에 의해, 유물론과 분리되어 있을 뿐입니다. 플라톤은 선이 필연성의 자동적 생산물이라고 말하는 대신, 영靈, Esprit이 설득을 통해 필연성을 지배한다고 합니다.[11] 즉 영은 생성되는 대부분의 것이 선을 향하게 필연성을 설득하고, 필연성은 그런 현명한 설득에 승복한다는 것입니다. 마찬가지로 아이스퀼로스도 이렇게 말합니다. "신은 어떤 폭력으로도 무장하지 않습니다. 신적인 모든 건 힘을 들이지 않습니다. 신의 지혜는 높은 곳에 머물면서도 그곳으로부터, 그 순수한 거처로부터, 작용합니다."[12] 똑같은 생각이 중국이나 인도 그리고 그리스도교에서 나타납니다. 주기도문의 첫 줄도 그런 생각을 드러내는데, "우리 아버지, 하늘의 아버지" 또는 더 나

11 『티마이오스』 48a.
12 『탄원하는 여인들』 97~98. 천병희 선생님이 번역하신 『아이스퀼로스 비극 전집』(숲, 2008)에선 99~104행입니다.

아가 "비밀 속에 머무는,[13] 당신(들)의 아버지"라는 경이로운 말로 번역하는 게 더 나을 것입니다.

여기 이곳에 존재하는 초자연적인 것은 비밀, 침묵, 무한하게 작은 것 속에 머뭅니다. 하지만 이 무한하게 작은 것의 작용은 결정적이지요. 프로세르피나(로마 신화에서 지옥의 여왕, 그리스 신화에선 페르세포네)는 반은 강제로 반은 유혹에 넘어가 한 알의 석류를 먹기로 동의했습니다. 사소한 일이라 여기면서 말입니다. 하지만 그걸 먹자마자 다른 세계가 영원히 그녀의 왕국이자 조국이 되었지요. 밭 속의 진주는 눈에 잘 띄지 않습니다.[14] 겨자씨는 씨앗 중에 가장 작습니다…[15]

무한하게 작은 것의 결정적인 작용은 역설적입니다. 사람의 지성은 그걸 잘 알아차리지 못합니다. 하지만 신적인 진실들을 비춰 주는 자연은 곳곳에서 그 이미지를 보여 줍니다. 촉매제, 박테리아, 효모가 그런 것들입니다. 견고한 몸체에 비하면 하나의 점은 무한하게 작습니다. 하지만 각각의 몸체 안에는 몸체 전체를 이기는 하나의 점이 있어서, 그 점을 지탱하면 몸체가 넘어지지 않습니다. 아치의 종석宗石은 위에서부터 건물 전체를 지탱하지요. 아르키메데스는 이렇게 말했습니다. "제게 받침점을 건

---

13 『전집』V-1권의 편집자 주에 따르면, "비밀 속에 머무는"이라는 베유의 번역은 마태오 복음 6장 4~6절과 18절에 근거를 두는 것입니다.
14 마태오 복음 13장 44절.
15 마태오 복음 13장 32절.

네주세요. 그러면 제가 세계를 들어 올릴게요." 그 받침점이 바로 여기 낮은 곳에서 초자연적인 것의 소리 없는 현존입니다. 그런 이유로 서력 기원 최초의 세기들에 사람들은 십자가를 저울에 비교했지요.

완전하게 고립된 섬이 있고 그 섬에 맹인들만 산다면, 그들에게 빛은 우리에게 초자연적인 것과 같을 겁니다. 물론 사람들은 다음처럼 생각할 수 있습니다. 그 맹인들에게 빛은 완전히 무의미한 것이라고. 빛에 대한 이론이 전혀 없는 물리학을 통해 그들에게 세계를 완전하게 설명해 줄 수 있다고. 빛은 부딪히지도 않고, 솟아나지도 않으며, 무게도 안 나가고, 먹을 수도 없기 때문이라고 말입니다. 결국 그들에게 빛은 존재하지 않는 것과 마찬가지라는 겁니다. 하지만 빛을 제외할 순 없습니다. 오직 빛에 의해서만 나무와 풀이 중력에도 불구하고 하늘을 향해 올라갑니다. 오직 빛에 의해서만 곡식과 과일 그리고 우리가 먹는 모든 게 영급니다.

선과 필연성에서 어떤 초월적인 통일성을 찾아낸다면, 본질적인 인간 문제에 대한 어떤 이해할 수 없는 해결책이 주어집니다. 더욱이 사람들이 이해하지도 못하고 지성이나 의지를 통해 사용하지도 못하더라도 사랑과 욕망을 갖고서 그 초월적인 통일성에 대해 명상하면 그 안의 어떤 것이 그들에게 전달된다는, 더 이해할 수 없는 믿음을 불가결한 것으로 덧붙일 때 말입니다.

인간의 능력을 벗어나는 것은 속성상 검증될 수도 논박될 수도 없습니다. 하지만 귀결들이 생겨납니다. 여기 이곳의 수준에서, 즉 인간의 능력으로 접근 가능한 영역에서 말입니다. 우리는 그 귀결들을 검증할 수 있습니다. 이 시도는 성공합니다.[16] 간접적인 두 번째 검증은 보편적인 일치에 의한 것입니다. 겉보기에 종교와 철학 들의 다양성은 보편적 일치란 없음을 말해 주는 듯합니다. 이런 관점은 많은 사람을 회의주의로 이끌었지요. 하지만 좀 더 주의 깊게 들여다보면, 정신적 삶을 제국주의에 복속시킨 나라들을 제외하곤, 모든 종교가 자신의 비밀스러운 핵심 속에 신비주의적 독트린을 지니고 있음이 드러납니다.[17] 비록 서로 차이가 날지라도 신비주의적 독트린들은 단순히 비슷한 것을 넘어서서, 본질적인 몇몇 지점에서 절대적으로 동일합니다. 간접적인 세 번째 검증은 내적 경험에 의한 것입니다. 이는 직접 그 경험을 한 사람들에게조차 간접적인 것입니다. 그 경험이 그들의 능력 너머의 것이라는 점에서 그렇습니다. 그들은 그 경험의 외적 겉모습만을 포착할 뿐이고, 그 사실을 알고 있습니다. 하지만 그들은 또한 그 경험의 의미를 알고 있지요. 지난 모든 세기를 통틀어서 거짓말과 자기 암시를 완전히 내다 버린 아주 적

---

16 이것이 앞서 얘기된 것에 대한 첫 번째 검증입니다.
17 『전집』V-1권의 편집자 주에 따르면, 시몬 베유는 오빠인 앙드레 베유에게 보낸 1941년 12월 20(?)일의 편지에서 이렇게 씁니다. "오빠는 십자가의 성 요한을 읽어 봤어? 그는 요즘 내 주된 관심사야. 그리고 어떤 사람이 내게 『바가와드 기따』의 산스크리트어 텍스트를 줬어. 라틴 문자로 전사轉寫한 것을 말야. 십자가의 성 요한과 『바가와드 기따』는 놀랍도록 닮았어. 모든 나라의 신비주의는 동일해."

은 수의 사람만이 그런 경험에 대한 결정적인 증언을 했습니다.

어쩌면 이 세 증거가 가능한 전부일 겁니다. 하지만 그걸로 충분합니다. 여기에 우리는 배리법背理法을 통해서[18] 증거에 맞먹는 것을 추가할 수 있습니다. 선과 필연성의 허구적 통일성을 인간 능력의 수준에서 설정하는 다른 해결책들을 검토하면서 말입니다. 이 해결책들은 부조리한 결론에 이르는데, 우리는 그 부조리함을 추론과 경험을 통해 동시에 입증할 수 있습니다.

그런 부조리한 해결책들 가운데 단연 뛰어나고 가장 잘 활용되며, 어쩌면 순수한 진실의 조각들을 유일하게 내포하는 것은 유물론적 해결책들입니다. 유물론은 모든 걸 설명해 줍니다. 초자연적인 것을 제외하고서 말입니다. 그런데 이런 제외는 작은 공백이 아닙니다. 초자연적인 것은 모든 걸 담고 있고 또 모든 걸 무한하게 넘어서기 때문입니다. 만일 초자연적인 것을 논외로 한다면, 유물론자인 것은 올바른 일일 것입니다. 물론 초자연적인 것을 제거한 이 우주는 단지 물질일 뿐입니다. 우주를 단지 물질로만 그려 내면서 사람들은 진실의 조각을 붙잡습니다. 반면 우주를 한편으로 물질과, 다른 한편으로 이 세계에 속한다는, 즉 자연 속에 존재한다는 특별한 도덕적 힘의 결합으로 그릴 때는, 모든 게 가짜가 됩니다. 바로 이 때문에 그리스도교인에겐, 이를테면 유물론자가 아니면서 무신론자일 수 있는 방법을 찾는 볼테르나 백과전서파의 글보다 마르크스의 글이 훨씬 더 가

---

18 즉 반대 입장이 성립하지 않음을 논증함으로써.

치를 지닙니다. 볼테르나 백과전서파는 무신론자였는데, 인격적 신의 개념을 다소간 명백히 제거—불교의 특정 분파도 그랬지만, 그럼에도 신비적 삶을 성취했지요—했기 때문만이 아니라, 이 '세계'에 속하지 않는 모든 걸 제거했기 때문이기도 합니다. 그들은 순진하게도 정의가 이 세계의 것이라 믿었는데, 그런 믿음은 1789년의 원리, 세속적 신앙 등등으로 불렸던 것들이 지녔던 극단적으로 위험한 환상입니다.

유물론의 모든 형태 가운데 마르크스의 저술들은 아주 귀중한 지침을 담고 있습니다. 이 지침을 그 자신도 실제론 거의 사용하지 않았고 그의 지지자들은 더욱 그랬지만 말입니다. 그건 바로 비물리적 물질 개념입니다. 마르크스는 사회를 이 세계 안에서 첫 번째의 인간적 사실로 올바르게 간주합니다. 하지만 그는 사회적 물질에만 주의를 기울입니다. 그런데 우리는 심리적 물질을 똑같이 연이어 고려할 수 있습니다. 현대 심리학엔 그런 고려를 하는 여러 흐름이 있습니다. 예외적인 경우를 빼곤 개념화가 이루어지진 않지만 말입니다. 널리 퍼진 여러 편견이 그런 개념화를 막고 있는 것입니다.

제 생각엔 심리적 물질 개념은 모든 견실한 독트린에 필수적입니다. 즉 핵심적입니다. 집합적이건 개인적이건 정신적 질서 속의 모든 현상에는 고유한 의미의 물질과 유사한 어떤 게 있습니다. 물질 자체가 아니라 유사한 어떤 것 말입니다. 바로 이 점으로 인해 마르크스가 정당하게 경멸적인 어조로 기계적mécanique 유물론이라 칭했던 체계들은 어리석은 것일 뿐입니다. 생각들은 자신에 고유한 메커니즘mécanisme에 종속됩니다. 하지만 그건 메커니즘입니다. 물질을 생각할 때 우리는 맹목적이고 엄격한 필연성에 종속된 힘들의 기계적 체계를 떠올립니다. 우리의 생각들의 실체인 그 만질 수 없는 물질을 생각할 때도 마찬가집니다. 다만 거기서 힘의 개념을 포착하고 그 필연성의 법칙을 파악하는 게 아주 힘들다는 것입니다.

하지만 거기에 가닿기 이전이라도, 그런 특수한 필연성이 존재하는 걸 안다는 게 무척이나 유용합니다. 이는 사람들이 부단히 빠져드는 두 오류에서 빠져나오게 해 줍니다. 그처럼 부단히 빠져드는 건, 한 오류를 벗어나자마자 다른 오류에 빠져들기 때문이지요. 한 가지 오류는 정신적 현상이 물질적 현상을 고스란히 닮았다고 믿는 것입니다. 이를테면 정신적 평온은 자동적이고 배타적으로 물질적 평온에서 비롯된다고 믿는 것이지요. 다른 오류는 정신적 현상은 자의적이기 때문에 자기 암시나 외적 암시 또는 의지에 따른 행위에 의해 촉발될 수 있다고 믿는 것입니다.

정신적 현상은 물리적 필연성에는 종속되지 않지만, 필연성에는 종속됩니다. 정신적 현상은 물리적 현상을 반영하지만, 그런 반영은 정신적 현상이 종속된 필연성의 고유한 법칙들에 따른 반영입니다. 실재하는 모든 건 필연성에 종속됩니다. 상상보다 더 실재적인 것은 없습니다. 물론 상상되는 내용은 실재가 아닙니다. 하지만 상상을 하는 상태는 사실로 존재합니다. 그러므로 상상의 특정한 상태가 존재한다면, 그 상태는 다음의 조건하에서만 바뀔 수 있습니다. 즉 그런 효과[상태]를 생산해 낼 수 있는 원인들을 움직이는 한에서만 말입니다. 이 원인들은 상상되는 내용들과는 아무 직접적 연관이 없지만, 그렇다고 아무런 것들은 아닙니다. 원인과 결과의 관계는 중력의 영역에서만큼이나 엄밀하게 규정되기 때문입니다. 다만 지금 관건이 되는 이 인과 관계는 식별해 내기가 더 어려울 뿐입니다.

그런 식별과 관련된 오류는 무수히 많습니다. 그런 오류들은 일상 생활의 수많은 고통의 원인이 되지요. 예컨대 어떤 아이가 아프다고 하면서 학교엘 가지 않습니다. 그런데 갑자기 힘이 나서 친구들과 놀면 가족들은 화가 나서 그 아이가 꾀병을 부렸다고 생각합니다. 그래서 아이에게 말하지요. "너는 놀 힘이 있었으니 학교에 갈 힘도 있었겠구나." 하지만 아이는 진심이었을 수 있습니다. 즉 아이는 실제로 탈진한 듯한 느낌에 사로잡혔었고, 그럼에도 친구들의 모습과 놀이의 유혹이 그런 느낌을 사라지게 할 수 있는 것이지요. 반면 공부는 그러한 효과를 만들어 낼 수 있는 충분한 자극일 수 없는 것이고요. 마찬가지로 우리는 스스로 굳게 결심하고도 그걸 지키지 못할 때 고지식하게 놀랄수 있습니다. 무엇인가가 우리로 하여금 결심하도록 자극은 했지만, 그것이 우리를 실행으로 이끌 정도로 충분히 강력한 것은 아니었다는 것이지요. 더욱이 결심하는 행위 자체가 자극을 소진시킬 수 있고 그리하여 실행에 착수하는 것 자체를 가로막을 수 있습니다. 이는 극단적으로 힘든 행위를 해야 할 때 종종 벌어지는 일이지요. 잘 알려진 베드로의 경우는 틀림없이 그런 사례일 것입니다.

이러한 일종의 무지는 정부들과 국민들 사이에, 지배 계급과 대중 사이에 부단히 끼어들어 사람을 오염시킵니다. 예컨대 노동자를 행복하게 해 주기 위해 고용주가 아는 방식은 둘밖에 없습니다. 하나는 임금을 올리는 것이고, 다른 하나는 노동자들은 행복하다고 말하면서, 반대로 말하는 못된 코뮌주의자들을 내쫓는 것입니다. 고용주들은 다음의 것들을 이해하지 못합니다. 한편으로 노동자들의 행복은 자신의 노동에 대한 마음의 특정한 상태에 달려 있다는 것. 다른 한편으로 그런 마음 상태는 진지한 연구 없인 알 수 없는 객관적 조건들이 갖춰져야 생겨난다는 것. 이 두 진실은, 적절히 적용된다면, 인간적 삶의 모든 실질적 문제에 열쇠가 될 수 있습니다.

사람의 생각과 행위를 지배하는 이런 필연성의 놀이에서 사회와 개인이 맺는 관계는 무척 복잡합니다. 하지만 먼저 눈에 들어오는 건 사회적인 것의 우선성입니다. 마르크스가 사회적 물질, 사회적 필연성의 현실에 대한 제시를 출발점으로 삼은 건 올바른 일입니다. 적어도 그런 현실의 법칙을 엿보아야 인류의 운명을 감히 사고할 수 있는 것이지요.

마르크스의 그런 생각은 그의 시대엔 독창적이었습니다. 하지만 절대적으로 말하자면 그렇지 않습니다. 더욱이 어떤 진실도 진짜로 독창적일 순 없을 겁니다. 뛰어난 지성이었던 마키아벨리가 진정으로 바랐던 것도 어쩌면 사회 관계들의 역학을 수립하는 것이었을 테지요.[19] 게다가 훨씬 앞서 플라톤도 사회적 필연성의 현실을 부단히 사고했습니다.

플라톤은 특히 몸보다 사회적 물질이 무한하게 더 뛰어넘기 어려운, 영혼과 선 사이의 장벽을 이룬다는 것을 아주 생생히 느끼고 있었습니다. 그것은 그리스도교적 생각이기도 했습니다. 사도 바울은 몸보다 마귀에 맞서 싸우라고 하는데, 그가 말하는 마귀는 사회적 물질 속에 있는 것입니다. 마귀가 그리스도에게 이 세계의 왕국들을 보여 주면서 이렇게 말했기 때문입니다. "이 모든 권세와 영광을 당신에게 주겠어요. 그것들은 제게 주어진 것이기 때문입니다."[20] 또한 마귀는 이 세계의 왕자로 칭해지기도 합니다.[21] 거짓말의 아버지이기 때문입니다. 이 말이 뜻하는 건, 사회적 물질이 거짓말과 오류를 배양하고 증식하는 터전이라는 것입니다. 이는 플라톤의 생각이기도 합니다. 플라톤은 사회를 거대한 짐승animal에 비교했습니다. 사람들은 이 짐승을 섬길 수밖에 없고, 선악에 대한 확신을 갖기 위해 이 짐승의 반응을 탐색한다는 것입니다. 그리스도교도 그런 이미지를 갖고 있습니다. 계시록의 괴물은 플라톤의 거대한 짐승과 자매이지요. 플라톤의 핵심적이고도 본질적인 생각—이는 그리스도교적 생각이기도 한데—은 다음과 같은 것입니다. 초자연적 은총을 받아 신에게 이끌린 예정된 영혼들을 예외로 한다면, 사

---

19 『전집』 V-1권의 편집자 주에 따르면, 베유는 언제나 마키아벨리에게서 "정치 권력에 대한 물리학자"를 보았습니다.

20 루가 복음 4장 6절.

21 요한 복음 12장 31절, 14장 30절, 16장 11절.

람들이 선악에 대해 짐승의 반응들이 규정해 주는 것 말고 다른 의견을 갖기란 절대적으로 불가능하다는 것.

그가 쓴 모든 글의 배후에 이런 생각이 깔려 있지만, 플라톤은 생각을 더 멀리 밀고 나가진 않았습니다. 짐승이 사납고 복수를 한다는 걸 틀림없이 잘 알고 있었기 때문입니다. 이는 거의 파헤쳐지지 않은, 숙고할 테마입니다. 그 안에 자명한 진리가 있다는 말은 결코 아닙니다. 오히려 매우 깊이 숨겨진 진실이 있겠지요. 그 진실은 특히 의견의 대립들로 인해 숨겨져 있습니다. 두 사람이 선과 악에 대해 전혀 동의하지 않는다고 해 봅시다. 그럴 경우 우리는 그 둘 모두가 사회의 일반적 관점에 맹목적으로 종속돼 있다고 생각하질 않습니다. 특히 둘 중 한 사람이 방금 언급한 플라톤의 글들을 읽었다면, 그는 매우 강력하게 이렇게 주장할 겁니다. 그와 논쟁한 사람의 의견은 짐승의 영향을 받은 반면, 자신의 의견은 정의와 선에 대한 정확한 관점이라고. 하지만 플라톤이 제시한 진실은 그것이 자신에게 딱 들어맞는 얘기임을 알아차릴 경우에만 이해할 수 있는 것입니다.

실제로 어떤 시대에서건, 어떤 사회적 총체성에서건, 의견의 차이들은 생각보다 훨씬 적습니다. 즉 의견의 차이들은 실제 벌어지는 갈등들보다 훨씬 적습니다. 종종 아주 폭력적인 대립이 완전히 똑같거나 거의 똑같은 생각을 하는 사람들 사이에 생겨나기 때문입니다. 지금 이 시대엔 그런 종류의 역설이 넘쳐납니다. 어떤 주어진 시대에 상이한 생각의 여러 흐름은 공통의 원천을 갖는데, 그것은 그 시대의 거대한 짐승의 의견이라는 것입니다. 예컨대 10년 전부터 작은 소집단들을 포함한 모든 정치적 파벌이 다른 파벌들을 예외 없이 파시스트라고 정죄하고, 스스로도 또한 파시스트라고 정죄됩니다. 물론 파시스트임을 자랑으로 여기는 파벌들을 예외로 한다면 말입니다. 아마도 파시스트라는 형용사는 언제나 부분적으로 정당화될 수 있었을 겁니다. 20세기 유럽의 거대한 짐승은 파시즘적인 색깔을 가지고 있었던 것이지요. 또 다른 흥미로운 예는 흑인 문제입니다. 모든 나라는 다른 나라에 사는 흑인들의 불행에 매우 동정적입니다. 하지만 자기 나라 흑인들이 누리는 완전한 행복이 의심받으면 몹시 분개하지요. 이와 유사한 경우는 많습니다. 겉으론 달라 보이지만 실제론 똑같은 경우들 말입니다.

다른 한편 짐승은 엄청나게 크고 사람들은 아주 작기 때문에, 각각의 사람은 서로 다른 위치에서 짐승과 관계를 맺습니다. 우리는 플라톤이 제시한 이미지에 따라 이렇게 상상해 볼 수 있습니다. 사람들은 그 짐승을 글겅이로 다듬어 주는데, 한 사람은 무릎을 맡고, 한 사람은 손톱을 맡고, 한 사람은 목덜미를 맡고, 한 사람은 등을 맡는다고. 짐승은 턱을 간질이는 거나 등을 두드리는 걸 좋아할 수 있습니다. 그러면 사람들 가운데 한 명은 짐승이 제일 좋아하는 건 간질이는 것이라고 하고, 또 한 명은 두드리는 것이라고 할 것입니다. 달리 말하면 사회는 온갖 방식으로 서로 교차하는 집단들로 이루어져 있고, 사회적 윤리는 집단에 따라 다르다는 것입니다. 다른 어떤 사람과 완전히 똑같은 사회적 환경 속에 사는 사람은 단 한 사람도 없습니다. 한 사람이

처한 환경은 집단들의 교차로 이루어지는데, 다른 어느 곳에도 그와 똑같은 교차는 없습니다. 그러므로 개인들이 겉으론 고유성을 지니더라도, 그들의 생각이 사회적 여론에 완전히 종속되지 않는 건 아닙니다.

이는 마르크스의 명제이기도 합니다. 마르크스와 플라톤의 유일한 차이는 다음의 것입니다. 즉 마르크스는 은총의 초자연적 개입에 따른 예외의 가능성을 모른다는 것. 이 공백으로 인해 그의 연구의 어떤 부분이 드러낸 진실이 완전히 방치됐습니다. 또한 나머지 것은 모두 수다에 불과한 게 되었지요.

마르크스는 사회 여론의 메커니즘을 파악하려 했습니다. 그에게 열쇠를 제공한 건 직업 윤리라는 현상입니다. 각각의 직업 집단은 나름의 윤리morale를 만들어 냅니다. 규칙이 없을 때도 그런 윤리 덕분에 직업의 영위는 악의 모든 연루에서 벗어납니다. 이는 결정적으로 필요합니다. 모든 노동은 그 자체로 무척 큰 긴장을 요구하기 때문에, 만일 선악에 대한 고통스러운 근심까지 끼어든다면 견뎌 낼 수 없기 때문입니다. 이로부터 보호받으려면 일종의 갑옷이 필요합니다. 직업에 소용되는 윤리가 그런 역할을 하지요.

예컨대 사형수를 맡은 의사는 그를 치료하는 게 옳은가라는 극히 난감한 질문을 일반적으로 제기하지 않습니다. 치료를 해야 한다는 게 널리 받아들여지기 때문입니다. 심지어 로마의 노예들도 나름의 윤리가 있었습니다. 주인에게 복종하거나 주인의 이익에 따라 행동하면 잘못될 게 없다는 것이 그런 윤리입니다. 물론 그런 윤리는 주인이 심어 준 것입니다. 하지만 노예들은 그것을 널리 받아들였습니다. 그래서 그들의 많은 숫자나 끔찍한 불행에 비해 노예 반란이 드물었던 것이지요. 전쟁이 하나의 직업이었던 시대에 전사들의 윤리는 다음과 같은 것이었습니다. 즉 모든 전쟁 행위는 전쟁 관습에 부합하고 승리에 도움이 되면 정당하고 좋다는 것이지요. 심지어 도시를 약탈하는 과정에서 여성들을 성폭행하거나 아이들을 살해하는 것도 정당하고 좋다는 것인데, 군인들에게 그런 행위를 허용하는 게 군대의 사기 진작을 위해 꼭 필요하다는 이유에서였습니다. 상업에 해당하는 윤리는 무엇보다도 도둑질이 범죄라는 것이고, 물건을 돈과 교환할 때 이익을 남기는 것은 정당하고 좋다는 것입니다. 플라톤은 이러한 모든 윤리, 즉 사회 윤리의 모든 형태에 공통되는 성격을 다음처럼 규정합니다. "그들은 필요한 사물들을 올바르고 아름답다고 합니다. 하지만 그들은 필요한 것의 본질과 선한 것의 본질을 가르는 거리가 실제론 얼마나 큰지를 모릅니다."[22]

마르크스의 생각은 이렇습니다. 즉 한 사회의 윤리적 분위기, 다시 말해 모든 것에 스며들어 각각의 환경이 지닌 특별한 윤리와 결합하는 분위기 자체는 여러 집단 윤리가 뒤섞여 이루어진다는 것입니다. 그리고 그 혼합의 비율은 각 집단이 행사하는 권력의 양을 정확히 반영한다는 것이지요. 그리하여 한 사회를 지

---

22 『국가』 6권 493c.

배하는 집단이 거대 농촌 기업의 소유주들인지, 군인인지, 상인인지, 산업 자본가인지, 은행가들인지, 관료인지에 따라, 그 지배 집단의 직업 윤리에 연결된 세계관이 사회 전체에 스며든다는 것이지요. 그런 세계관은 곳곳에서 드러날 것입니다. 정치에서, 법에서 그리고 심지어 겉보기엔 중립적인 지식인들의 추상적 사변에서도 말입니다. 각자는 그 세계관에 종속될 것이지만, 누구도 그걸 의식하지 못합니다. 모두들 그 세계관을 특별한 세계관이 아니라 인간 본성에 내재하는 사고 방식으로 여길 것이기 때문입니다.

이 모든 건 거의가 진실이고 손쉽게 검증됩니다. 한 가지 예만 들어 봅시다. 프랑스 형법에서 도둑질이 어떤 자리를 점하는지 살펴보는 건 아주 특별한 일입니다. 몇몇 정황이 악화됨에 따라 도둑질은 아동 성추행보다 훨씬 혹독하게 처벌됩니다. 하지만 그런 법을 만든 사람들이 돈만 가지고 있는 것은 아니지요. 그들은 사랑하는 자녀도 갖고 있습니다. 만일 재산을 잃는 것과 자녀가 파괴되는 것 가운데 선택해야 한다면, 그들이 꼭 돈만을 선택하리라는 법은 절대 없습니다. 하지만 법을 만들면서 그들은 자신도 모르는 사이에 사회적 반사 작용의 기관들이 됩니다. 그리고 상업에 기초한 사회에서 도둑질은 전형적인 반사회적 범죄인 것이지요. 반면 여성을 인신 매매하는 것은 일종의 상업이고요. 그러니 여성 인신 매매에 대한 처벌법 제정은 아주 어렵고도 온건하게 결정됩니다.

하지만 수많은 사실이 이론과 일치하지 않게 된다면, 시대의 변화를 감안해 이론을 수정해야 합니다. 그렇지 않을 경우 이론은 검토를 받자마자 논박될 것입니다. 사람은 보수적이고, 과거는 고유한 무게를 갖고 지속하려는 경향성을 갖습니다. 예컨대 법의 큰 부분은 상업이 지금보다 훨씬 중요하던 때 제정됐습니다. 그러므로 사회의 윤리적 분위기는 지금은 사라졌거나 어느 정도 몰락한 옛 지배 계급들에게서 유래한 요소들을 일반적으로 내포합니다. 하지만 그 거꾸로도 또한 진실이지요. 차기 수상이 될 야당 당수 주변에 사람이 모여드는 것처럼, 지금은 다소 허약하지만 머지않아 지배하게 될 계급 주위엔 앞으로 지배 이념이 될 것의 개략적 초안 같은 게 형성되기 마련입니다. 마르크스는 자신이 만들어 낸 현상을 포함한 동시대 사회주의를 그런 것으로 설명하지요. 마르크스는 스스로를 존재 자체만으로 봄의 임박함, 혁명의 임박함을 알리는 제비처럼 여깁니다. 바로 그 자신이 그에게 전조前兆였던 것이지요.

마르크스가 설명을 위해 선택한 두 번째 접근법은 사회적 지배력puissance의 메커니즘을 연구하는 것입니다. 하지만 그의 사고에서 이 부분은 극히 취약합니다. 그는 다음처럼 확언할 수 있다고 믿었지요. 과거의 유산들을 고려하지 않는다면, 한 사회에서 지배력의 관계들은 전적으로 생산의 기술적 조건들에 달려 있다고. 만일 이 조건들이 확보됐다면, 한 사회는 생산의 최대치를 가능하게 해 주는 구조를 갖춘 것입니다. 그리고 언제나 더 많이 생산하려 하기 때문에 사회는 생산 조건들을 개선한다는 것이지요. 그래서 그 조건들이 변화하고, 연속성이 단절되는 시점이 도래합니다. 점차 가열된 물이 갑자기 증발하기 시작하는 시점처럼 말입니다. 새로운 조건들은 새로운 구조를 필요로 합니다. 그리하여 일정한 간격을 거친 뒤, 다소 폭력적인 정황들을 통과해서, 정치적, 법률적, 이데올로기적 변화를 뒤따르는 지배력의 실질적 변화가 생겨난다는 것이지요. 그 정황들이 폭력적일 때, 우리는 그걸 혁명이라고 합니다.

이런 설명엔 올바른 생각이 있습니다. 하지만 특별한 아이러니로 인해 그 생각은 마르크스 자신의 정치적 입장과 절대적 모순을 이루지요. 그 생각은 바로 이것입니다. 즉 눈에 보이는 혁명은 이미 완수된, 눈에 보이지 않는 혁명의 결과로서만 생겨난다는 것. 어떤 사회 계층이 갑자기 권력을 잡는다면 이 사실은 다음의 것을 뜻합니다. 그 계층은 이미 드러나지 않은 상태에서 권력을, 또는 적어도 대부분의 권력을 소유하고 있었다는 것. 만일 그렇지 않았다면 권력을 탈취할 힘이 없었을 것이니 말입니다. 이는 자명한 일입니다. 힘 관계가 사회를 지배한다는 것을 알기만 한다면 말이지요. 마르크스 자신이 드러냈듯 이 생각은 프랑스 혁명을 통해서 완전히 입증됩니다. 프랑스 혁명은, 적어도 루이 14세 이래 부르주아지가 실질적으로 소유하고 있던 권력을 그들에게 공식적으로 넘겨준 것일 뿐입니다. 또 그 생각은 최근의 혁명들을 통해서도 입증됩니다. 여러 나라에서 최근의 혁명들은 국민의 삶 전체를 국가의 권력에 넘겨줬습니다. 하지만 이미 그 이전부터 국가는 거대해져서 거의 전부가 되어 있었던 것이지요.

아마도 노동자 혁명의 투사에게 이 사실이 내포하는 자명한 결론은 다음과 같은 것일 겁니다. 즉 정치적 혁명의 모험 속으로 노동자들을 내던지기 전에, 먼저 그들이 조용하게, 점진적으로, 거의 눈에 띄지 않게, 실질적인 사회적 지배력의 대부분을 차지할 수 있는 방법들이 있는지 찾아야 한다는 것. 만일 그런 방법들이 있으면 실행해야 하고, 없으면 노동자 혁명을 포기해야 한다는 것. 하지만 이 결론이 아무리 자명하더라도 마르크스는 그걸 볼 수가 없었습니다. 삶의 이유였던 것을 포기하지 않으면 그것이 보일 수 없었기 때문입니다. 똑같은 이유로 개혁가건 혁명가건 그의 추종자들도 그걸 보려 하지 않았습니다. 그래서 우리는 아무 과장 없이 이렇게 말할 수 있습니다. 노동자 혁명의 이론으로서 마르크스주의는 무無라고.

마르크스의 나머지 변혁 이론들은 어리석은 것들 위에 세워져 있습니다. 대표적인 것이 "기능이 기관을 창조한다"는 라마르크의 설명 원리, 이를테면 기린은 바나나를 먹으려고 너무 애를 써서 목이 길어졌다는 설명 원리를 인류 역사에 적용한 것이지요. 이런 설명은 문제 해결의 실마리조차 갖추지 못한 채로, 문제를 해결했다는 허구적 느낌만 주는 것입니다. 그래서 오히려 문제 제기를 가로막습니다. 문제는 어떻게 동물의 기관들이 필요에 부응했는지를 알아내는 것입니다. 이에 대해 동물의 삶에 내재하는 적응성이라는 가정을 대답으로 제시하는 것은, 사람을 잠들게 하는 아편의 미덕을 희롱한 몰리에르의 오류에 빠져드는 것입니다.[23]

다윈은 존재 조건이라는 단순하고 천재적인 개념으로 문제를 일소하지요. 놀라운 건 지구에 동물들이 있다는 겁니다. 그런데 동물들이 일단 지구에 존재하면, 그들의 기관이 삶의 필요에 부합한다는 건 놀라운 게 아닙니다. 그렇지 않다면 그들은 살 수 없을 터이니 말입니다. 하지만 세계의 어떤 구석에서 오직 바나나만 먹는 종을 발견한다는 건 있을 수 없겠지요. 어떤 불운한 해부학적 결함으로 인해 바나나를 못 먹는 일이 벌어질 순 있겠지만 말입니다.

이는 자명하고도 자명한 것입니다. 하지만 천재적인 직관이 그걸 드러내기 전엔 아무도 그것을 깨닫지 못하는 것이지요. 사실 그리스인들은 그걸 알고 있었습니다. 그들이 오늘날의 거의 모든 생각을 이미 알고 있었듯이 말이지요. 하지만 그것은 잊혀버렸습니다. 다윈은 마르크스의 동시대인이지요. 그런데 마르크스는, 모든 과학주의자가 그러듯이, 과학에 관해 매우 뒤처져 있었습니다. 그는 라마르크의 천진난만한 생각들을 사회 분야에 단순히 적용하기만 하면 과학적 성취를 이룬다고 믿었던 것입니다.

심지어 마르크스는 한 걸음 더 나아가 더 큰 전횡을 저지릅니다. 즉 기능은 자신의 완수를 위해 기관을 창조할 뿐만 아니라, 크게 전체적으로 보자면 가장 높은 효율성을 갖고 기능을 완

---

23 몰리에르, 『상상병 환자』, 세 번째 막간극. 창비의
한글판(2017)으로는 313~314쪽.

수시켜 줄 기관을 창조한다고 하면서 말입니다. 마르크스의 사회학은 어떤 가정들에 입각해 있는데, 그 가정들은 논리적으로 검토해 보면 아무 근거 없는 것으로 드러나고 사실과 대조해 보면 명백한 허구임이 드러납니다.

그는 가정합니다. 첫째, 생산의 기술적 조건들이 주어지면 사회는 그 조건들을 최대한으로 활용할 수 있는 구조를 갖춘다고. 왜 그럴까요? 어떤 필연성으로 인해 생산 능력이 최대한 활용될 수 있는 방식으로 사물들이 펼쳐질까요? 실제론 그 누구도 그런 최대치가 어떤 건지 알지 못합니다. 눈에 띄는 건 모든 사회엔 언제나 많은 낭비가 있다는 것이지요. 반면 마르크스의 최대치 개념은 너무 모호합니다. 우리는 그게 무엇인지를 파악할 수 없어서 허구라는 걸 논증조차 할 수 없습니다.

둘째, 사회는 부단히 생산을 향상시키려 노력한다는 것입니다. 이는 자유주의 경제학자들의 가정을 개인에서 사회로 이동시킨 것이지요. 우리는 이 가정을 일정한 유보와 함께 받아들일 수 있습니다. 하지만 많은 사회에서 사람들은 자신의 아버지처럼 사는 걸 수 세기 동안 당연하게 여겼지요.

셋째, 그런 노력은 생산 조건들 자체에 반작용하는데, 언제나 조건들을 개선시키는 방향으로 반작용한다는 것입니다. 이 확언은 잘 뜯어보면 자의적이고, 사실들과 대조해 보면 허구입니다. 생산 조건들로부터 더 많은 걸 만들어 내려 할 때 그 조건들이 언제나 발전한다는 건 아무 근거가 없습니다. 오히려 조건들을 고갈시킬 수도 있지요. 종종 그런 일이 벌어집니다. 광산이

나 농지에서처럼 말입니다. 시간이 갈수록 같은 현상이 점점 더 규모를 넓혀 가고 마침내 큰 위기가 닥치지요. 황금알을 낳는 암탉 얘기가 그것입니다. 이솝은 마르크스보다 이와 관련해 훨씬 깊이 알았던 것이지요.

넷째, 그런 개선이 일정한 정도를 넘어서까지 진행되면, 생산의 관점에서 최대치로 효율적이었던 이전의 사회 구조는 더 이상 효율적일 수 없게 된다고 합니다. 마르크스는 말합니다. 단지 이 하나의 사실로 인해 사회는 필연적으로 그 구조를 내버리고 가능한 한 최대로 효율적인 다른 구조를 선택한다고.

이는 자의적인 주장의 정점을 찍는 것입니다. 일 분만 주의 깊게 검토하면, 이 주장은 무너집니다. 말할 것도 없이 지난 세기의 정치적, 사회적, 경제적 변화에 참여했던 그 어떤 사람도 "나는 현재의 생산 능력을 최대치로 활용하기 위해 사회 구조를 변화시킬 거야"라고 말하지 않을 겁니다. 또 우리는 생산 능력이 완전히 활용되지 못할 때 사회적 필연성의 법칙에 따라 어떤 자동 메커니즘이 생겨나서 변화를 촉발한다는 최소한의 징후조차 찾을 수 없습니다. 마르크스건 마르크스주의자들이건 그런 경향을 함축하는 어떤 지표도 제시하지 못했습니다.

그렇다면 인류의 역사 배후에 사건들의 흐름을 보살피고 이끄는 어떤 전능한 정신esprit, 어떤 지혜를 가정해야 할까요? 그럴 경우 마르크스는 플라톤이 알았던 진실을 겉으로 드러내지 않고 받아들인 것일 터입니다. 그렇지 않고선 그의 관념을 설명할 길이 없지요. 하지만 그렇다 하더라도 그의 생각은 야릇합니다. 그 숨겨진 정신은 도대체 왜 생산의 이익을 보살필까요? 정신은 선을 지향하지만, 생산은 선이 아닙니다. 19세기 산업 자본가들만 착각했을 뿐이지요. 인류의 운명을 이끄는 숨겨진 정신은 19세기 산업 자본가들의 정신이 아닙니다.

설명하자면 이렇습니다. 19세기는 생산에, 특히 생산의 진보에 사로잡힌 세기였고 마르크스는 시대의 영향에 맹목적으로 종속되어 있었다는 것입니다. 그 영향으로 인해 마르크스는 생산이 선이 아님을 잊었습니다. 그는 또 생산이 필요한 유일한 것이 아님을 잊었습니다. 생산이 필요한 유일한 것이라는 생각은 또 다른 어리석음의 원인이 됩니다. 생산이 힘 관계의 유일한 요소라는 믿음이 그 어리석음이지요. 마르크스는 전쟁을 깨끗이 잊어버립니다. 그의 수많은 동시대인처럼 말입니다. 19세기 사람들은 나폴레옹의 영광을 찬양한 베랑제[24]의 노래와 에피날 Épinal[25]의 이미지에 도취되어 전쟁의 존재를 거의 잊어버렸습니다. 마르크스는 전쟁의 양태가 생산 조건에 달려 있다는 지적을 한 차례 짧게 한 적이 있습니다. 하지만 그는 전쟁의 양태에 생산 조건이 종속되는 반대의 관계는 보지 못했습니다. 사람은 죽음의 위협을 받을 수 있는데, 그것은 자연에 의해서거나 아니

24 피에르 장 드 베랑제Pierre Jean de Béranger, 1780~1857는 삶의 기쁨에 대한 노래들을 쓴 프랑스의 샹송 작가입니다.
25 프랑스 북동부의 도시입니다. 나폴레옹은 1811년 9월 9일 이 도시에서 연설을 했고, 이에 따라 그가 매년 9월 9일 이 도시의 성벽을 산책한다는 전설이 생겼습니다.

면 다른 사람들에 의해서입니다. 그리고 힘은 최종적으론 죽음의 위협으로 귀착됩니다. 그러니 힘 관계를 생각할 땐 언제든 필요와 무력이라는 두 측면을 통해 힘을 파악해야 합니다.

마르크스의 이 망각은 전쟁을 마주한, 전쟁과 평화의 문제들을 마주한 마르크스주의자들에게 어처구니없는 당혹감을 가져다줍니다. 사람들이 마르크스주의적 독트린이라고 칭하는 것 속엔 그런 문제들에 대해 마르크스주의자가 취할 태도를 알려주는 게 엄밀히 말해 아무것도 없습니다. 지금 이 시대를 감안한다면 이는 아주 심각한 공백이지요.

마르크스가 고려한 유일한 전쟁 형태는, 드러난 것이건 감춰진 것이건, 계급 투쟁이란 이름 아래 펼쳐지는 사회적 전쟁입니다. 이 사회적 전쟁은 심지어 역사적 설명의 유일한 원리를 이루지요. 그런데 다른 한편으론 생산의 발전 또한 역사 발전의 유일한 원리이기 때문에, 계급 투쟁과 생산의 발전이 하나를 이룬다고 봐야 합니다. 하지만 마르크스는 이 둘이 어떻게 서로 연결되는지 말하지 않습니다. 저항하는 피억압자나 높은 지위를 차지하려는 하급자가 사회의 생산 능력을 향상시키려는 생각을 결코 하지 않는다는 건 두말할 것도 없습니다. 만일 우리가 그 둘 사이에 어떤 연결성을 파악할 수 있다면, 그것은 단지 이것뿐입니다. 즉 사회적 위계에 맞선 사람들의 부단한 저항이 사회를 유동적으로 만들어서, 생산력이 사회를 자기 멋대로 주조할 수 있다는 것.

그럴 경우 계급 투쟁은 능동적 원리가 아니라 부정적 조건입니다. 그렇다면 최대치를 유지하도록 생산을 보살피는 그 신비한 정신, 마르크스주의자들이 종종 복수로 생산력들forces productives이라 칭하는 그 신비한 정신만이 능동적 원리를 이룹니다. 마르크스주의자들은 이 신화를 매우 진지하게 받아들입니다. 트로츠키는 1914년 전쟁이 실제론 자본주의 체제의 한계에 대한 생산력의 반란이라고 썼지요.[26] 우리는 그런 정식을 앞에 두고 오랫동안 꿈꿀 수 있고, 그것이 아무것도 뜻하지 않음을 고백할 수밖에 없을 때까지 그 의미를 질문할 수 있습니다.

물론 마르크스가 자유에 대한 사랑과 지배에 대한 사랑을 사회적 삶을 부단히 휘젓는 두 가지 동인으로 여긴 건 올바른 일입니다. 단지 그는 그것이 유물론적 설명 원리임을 논증해야 한다는 것을 잊었습니다. 이는 자명하지 않습니다. 자유에 대한 사랑과 지배에 대한 사랑은 여러 상이한 방식으로 해석될 수 있는 두 가지 인간적 사실이기 때문입니다.

더욱이 이 두 사실은 마르크스가 유일하게 관심을 쏟았던 피

---

26 시몬 베유는 1933년 8월 「전망들. 우리는 프롤레타리아 혁명을 향해 가고 있는가」라는 논문(『전집』 II-1 권에 수록)을 발표했고, 트로츠키는 같은 해 10월 어떤 팸플릿에서 이 논문을 칭찬합니다(시몬느 뻬트르망, 『시몬느 베이유, 불꽃의 여자』, 까치, 1978, 122~124쪽). 1933년 12월 31일 트로츠키는 파리에 있는 시몬 베유의 집에서 모임을 갖고, 베유와 격론을 벌입니다. 『시몬느 베이유, 불꽃의 여자』에 실린 단편적 발언들을 통해 추측해 볼 때, 이때도 트로츠키는 일정하게 생산력주의적 입장을 취했을 가능성이 있습니다(130~133쪽).

억압자-억압자의 관계보다 훨씬 광범위한 중요성을 갖습니다. 억압의 개념은 명확하지 않습니다. 그러니 정의를 하려는 진지한 노력 없이 그 개념을 함부로 사용할 수는 없습니다. 마르크스는 그런 노력을 하지 않았지요. 똑같은 사람들이 어떤 측면들에선 피억압자지만, 다른 사람들에 대해선 억압자입니다. 또 그들은 억압자이길 욕망할 수 있고, 그 욕망은 자유에 대한 욕망보다 더 강할 수 있습니다. 다른 한편 억압자들은 하급자들의 복종을 유지하는 것보다는 다른 억압자를 앞지르는 것에 더 신경을 씁니다. 그러므로 존재하는 건 대립하는 두 진영 사이의 전투라기보다, 게릴라들의 아주 복잡한 뒤얽힘 같은 것입니다. 하지만 이 뒤얽힘은 법칙들의 지배를 받습니다. 그 법칙들을 찾아내야 합니다.

사회 과학에 대한 마르크스의 실질적이고 유일한 기여는 그것이 존재해야만 한다는 필요성을 제기한 것입니다. 그것이 존재한다는 것은 대단한 일입니다. 그것은 엄청난 일입니다. 하지만 우리는 여전히 같은 지점에 멈춰 있고, 사회 과학은 존재하려면 멀었습니다.[27] 마르크스는 사회 과학의 축조를 시작할 준비조차 안 되어 있었습니다. 그의 제자들은 더더욱 그랬지요. 마르크스주의가 스스로를 지칭한 과학적 사회주의라는 용어에서 '과학적'이란 형용사는 단지 하나의 픽션에 상응할 뿐입니다. 어

---

27 이 말은 오늘날 '사회 과학'이라 불리는 것들이 엄밀한 의미의 과학science이 아님을 전제합니다.

쩌면 보다 직접적으로 거짓말에 상응한다고 말하고 싶은 유혹을 받을 수도 있겠지만, 마르크스와 대부분의 추종자가 거짓말을 하려 했던 것은 아닙니다. 만일 그들이 자기 자신에게 속아 넘어간 게 아니었다면, 과학에 대한 현대인들의 존중을 배타적으로 누리려 한 그들의 시도는 사기일 것입니다.

마르크스는 과학적 사고를 하려는 진정한 노력을 할 수 없었습니다. 그의 관심이 아니었기 때문입니다. 이 유물론자는 오직 정의正義에만 관심이 있었습니다. 그는 정의에 사로잡혀 있었지요. 하지만 사회적 필연성에 대한 명확한 통찰은 그를 절망시켰습니다. 이 필연성은 너무 강력해서 정의를 실현하는 것은 물론이고 사고하는 것조차 가로막았기 때문입니다. 그러나 그는 절망하길 원치 않았습니다. 그는 자신 속의 거역할 수 없는 감정을 통해 느꼈지요. 정의에 대한 사람의 욕망은 너무 심층적이어서 거부할 수 없음을. 그는 꿈속으로 도피합니다. 사회적 물질이 그스스로 인간에게 금지한 두 역할을 대신 떠맡는 꿈속으로. 정의를 완수하는 것과 정의를 사고하는 것이 그 두 역할입니다.

마르크스는 그 꿈에 변증법적 유물론이란 이름을 붙입니다. 그 꿈을 베일 하나로 가릴 수 있었던 것이지요. 이 두 단어는 텅 비어서 파고들기 어렵습니다. 마르크스주의자에게 그 뜻을 묻는 건 아주 즐겁지만 약간 잔인한 일이지요.

하지만 많은 연구를 하면 그 두 단어에 일종의 의미를 찾아줄 수도 있겠습니다. 플라톤은 다음과 같은 운동을 변증법이라 명명했지요. 각각의 단계에서 자신이 놓여 있는 영역 자체의 모순들을 대면함으로써 더 높은 영역으로 상승하는 영혼의 운동이 그것입니다. 그리고 그러한 상승 운동의 정점에서 영혼은 절대적 선에 도달한다는 것이지요.

물질 세계에서 모순의 형상은 상이한 방향으로 향하는 힘들이 충돌하는 것입니다. 마르크스는 모순을 거쳐 선으로 나아가는 이 운동을 전적으로 사회적 물질에 귀속시키지요. 반면 플라톤은 그 운동을 은총의 초자연적 작용에 의해 위로 끌어올려지는, 생각하는 피조물의 운동으로 묘사합니다.

마르크스가 따라간 생각의 경로는 쉽게 추적할 수 있습니다. 우선 그는 동시대 부르주아들이 굳건히 견지했던 두 가지 잘못된 믿음을 전적으로 받아들입니다. 하나는 생산과 선의 혼동, 그리하여 생산의 진보와 선의 진보의 혼동입니다. 다른 하나는 생산의 진보를 인류 역사의 항구적 법칙으로 여긴, 유독 19세기에 현저했던 자의적 일반화이고요.

차이가 있다면 마르크스는 부르주아들과 달리 행복하지 않았다는 것입니다. 무감각하지 않은 모든 사람처럼, 노동자들의 참상은 그를 격분시켰습니다. 그는 보상으로 무언가 파국적인 것, 폭발적인 복수, 징벌을 바랐습니다. 그는 진보를 이어지는 흐름으로 여길 수 없었고, 일련의 폭력적이고 폭발적인 충격처럼 바라봤지요. 부르주아들과 마르크스 가운데 누가 옳았는지 묻는 건 무의미합니다. 19세기에 유행했던 그러한 진보 개념 자체가 의미가 없습니다.

그리스 사람들이 변증법이란 용어를 사용한 건, 은총에 의해

위로 끌어올려진 영혼들의 지렛대인 모순의 효력을 생각할 때입니다. 그리고 마르크스는 모순의 물질적 형상과 영혼 구원의 물질적 형상, 다시 말해 힘의 충동들과 생산의 진보를 결합시켰으므로, 어쩌면 그가 변증법이란 용어를 사용한 것은 올바를 수도 있겠습니다. 하지만 유물론이라는 용어와 결합한 변증법이란 용어는 곧바로 부조리함을 드러냅니다. 마르크스가 그 부조리함을 자각하지 못했다면, 그 용어를 그리스인들에게서가 아니라 헤겔에게서 가져왔기 때문입니다. 헤겔은 그 용어를 아주 불명료하게 사용했지요. 그런데 대중은 충격받는 것을 싫어하고, 그 때문에 그리스적 사고는 더는 왕성한 생명력을 갖지 못합니다. 그럼에도 단어들이 아주 잘 선택됐기 때문에 사람들은 말하지요. "여기엔 반드시 무엇인가가 있어"라고. 그런 상태에까지 이른 독자나 청자 들은 이제 암시를 잘 받아들일 수 있게 됩니다.

과거의 민중 대학 노동자들은 소박한 탐욕으로 자칭 마르크스주의자들에게 묻곤 했습니다. "변증법적 유물론이 무엇인지 알고 싶습니다"라고. 그들이 만족스러운 대답을 얻었을 가능성은 거의 없지요.

사회적 갈등을 통해 절대 선을 자동적으로 생산해 내는 메커니즘에 대한 마르크스의 관념은 파악하기 어렵지 않습니다. 그건 매우 간략합니다.

우선 사회적 거짓말의 원천이 지배 또는 해방을 위해 투쟁하는 집단들에게 있다고 할 때, 그런 집단들이 없어지면 거짓말이

소멸되고 사람들은 정의와 진실 속에서 살게 된다는 것입니다. 어떤 메커니즘을 통해 그 집단들을 제거할 수 있다는 걸까요? 간단합니다. 사회적 변혁이 생겨날 때마다 지배 집단은 몰락하고 그 아래에 있던 집단이 그 자리를 차지합니다. 그러니 이런 변혁을 일반화하면 된다는 것입니다. 19세기의 과학과 심지어 모든 사고는 통제되지 않은 외삽外揷이라는 타락한 습관에 젖어 있었습니다. 수학을 예외로 한다면, 한계라는 개념이 거의 무시되고 있었습니다. 매번 더 낮은 계급이 권력을 차지하게 된다면, 언젠간 가장 낮은 계급이 권력을 차지하겠지요. 그러면 더 낮은 사람들도, 억압도, 적대 집단들로 짜인 사회 구조도, 거짓말도 없어질 겁니다. 그 결과 사람들은 정의를 소유할 것이고, 그런 소유를 통해 정의가 어떤 것인지 알게 되리라는 것입니다.

마르크스가 정의나 진실 또는 선의 개념을 완전히 누락시킨 듯 여겨지는 문장들은 바로 이런 식으로 이해해야 합니다. 정의가 존재하지 않는다면 사람은 정의를 생각할 수 없습니다. 하물며 정의를 획득할 수 없음은 말할 것도 없고요. 그러니 정의가 사람에게 주어진다면, 바깥에서부터일 수밖에 없습니다. 사회가 오염되고 타락했다면, 그리하여 사회적 독이 모든 사람의 모든 생각에 스며들었다면, 사람들이 정의의 이름으로 상상하는 모든 건 거짓말일 수밖에 없습니다. 정의, 진실 그리고 온갖 종류의 도덕적 가치를 말하는 사람들은 거짓말을 하거나 거짓말쟁이들에게 속고 있는 것입니다. 정의가 무엇인지 모르는데 어떻게 정의에 헌신할 수 있겠습니까? 마르크스에 따르면 유일한 방법은 사회적 물질의 구조 자체에 새겨진 메커니즘의 작동을 촉진하는 것입니다. 그 메커니즘의 작동이 사람들에게 정의를 자동적으로 가져다줄 것이기 때문입니다.

마르크스가 그 메커니즘 안에서의 프롤레타리아의 역할을 어떻게 생각했는지를 정확히 파악하는 건 어렵습니다. 그 메커니즘을 미래의 사회에서 좀 더 앞당기면서 진리의 최초의 섬광을 그와 그 주변의 저술가나 투사 들에게 전달해 주는 것으로 생각했는지, 아니면 단지 그가 역사라고 명명한 실체의 맹목적 도구로 생각했는지를 말입니다. 물론 그의 생각은 이 지점에서 동요했을 것입니다. 하지만 그가 프롤레타리아와 그 바깥에서 온 동맹자와 지도자 들을 우선 도구로 여겼음은 분명합니다.

마르크스가 정의롭고 올바르게 여긴 건, 사회적 거짓말에 속아 온 정신들 가운데 하나에게 정의롭고 올바르게 보인 것이 아닙니다. 마르크스에게 정의롭고 올바른 건 오로지 거짓말 없는 사회의 등장을 촉진해 주는 것이었습니다. 그 영역에선, 어떤 예외도 없이, 효율적인 모든 것이 완전히 정의롭고 올바른 것이었습니다. 그 자체로서가 아니라 최종 목적과의 관계하에서 말입니다.

집단 윤리를 혐오해서 사회를 증오하기에 이르렀던 마르크스는 그리하여 결국 집단 윤리에 다시 빠집니다. 과거의 봉건 영주처럼, 동시대의 사업가처럼, 그는 자신을 위한 윤리를 지어냅니다. 자신이 속한 사회 집단의 활동을, 즉 직업 혁명가들의 활동을 선악의 구분 너머에 올려놓는 윤리가 그것입니다.

그의 윤리는 언제나 그것이었습니다. 선의 원천을 엉뚱한 곳에서 찾을 때, 우리는 언제나 자신이 두려워하고 가장 혐오하고 가장 끔찍하게 여긴 형태의 잘못에 빠져듭니다. 모든 사람 앞엔 부단히 이런 함정이 놓이지요. 그런 함정으로부터 자신을 지켜줄 수 있는 건 오직 자기 자신뿐입니다.

마르크스가 상상했던, 천국을 가져다주는 이 메커니즘은 명백히 유치합니다. 힘은 관계입니다. 강한 사람은 더 약한 사람에 비해 강합니다. 약한 사람들은 권력을 장악할 가능성이 없지요. 힘으로 사회 권력을 장악하는 사람들은 이미 그 이전부터 대중들이 종속되어 있던 집단의 사람들입니다. 마르크스의 혁명적 유물론은 다음의 것들을 내세웁니다. 첫째, 전적으로 힘만이 모든 걸 결정한다는 것. 둘째, 약한 사람들이 힘을 갖게 되는 날이 언젠가 갑자기 온다는 것. 약했던 특정한 사람들이 강해진다는 게 아닙니다. 그런 일은 항상 있는 일이지요. 오히려 약했던 대중 전체가 여전히 약하게 머무르면서도 힘을 갖게 된다는 것입니다.

만일 이런 생각의 부조리함을 단번에 알아차리지 못한다면, 숫자가 힘이라고 생각하기 때문일 겁니다. 하지만 숫자는 그걸 소유한 사람의 손에서만 힘입니다. 그 숫자를 이루는 사람들의 손에서가 아니고요. 석탄에 내재된 에너지가 증기 기관을 거친 다음에만 힘이 되듯, 대중에 내재된 에너지가 힘이 되는 건 대중 바깥의 어떤 집단에 의해서입니다. 그 집단은 대중보다 훨씬 작은 집단이고, 어쩌면 주의 깊은 연구를 통해서만 정의될 수 있을 관계를 대중과 맺고 있지요. 결국 대중의 힘은 대중의 것이 아닌 이익을 위해 이용된다는 것입니다. 소의 힘이 농부의 이익을 위해 이용되듯, 말의 힘이 말 타는 사람의 이익을 위해 이용되듯 말입니다. 누군가가 기수騎手를 땅바닥에 떨어트리고 대신 안장에 올라탈 수 있을 것이고, 그러다 그 자신도 땅에 떨어질 겁니다. 이런 일은 백 번 천 번 반복될 수 있습니다. 그럼에도 말은 여전히 박차를 가하면 달리지요. 말이 스스로 기수를 떨어트리더라도, 또 다른 기수가 곧 올라탈 겁니다.

마르크스는 이 모든 걸 아주 잘 알고 있었지요. 그는 부르주아 국가와 관련해 이를 아주 잘 드러냈습니다. 하지만 혁명과 관계해선 이를 잊어버렸지요. 그는 대중이 약하고, 다른 사람의 손 안에서만 힘을 이룬다는 것을 알고 있었습니다. 그렇지 않다면 억압이란 결코 존재하지 않았을 겁니다. 마르크스는 보다 강한 사람들의 자리를 보다 약한 사람들이 주기적으로 탈환하는 항구적 변화의 한계를 벗어나는 길을 오직 일반화를 통해서 설정했습니다. 그런데 그 길은 한쪽 편을 소멸시키는 관계에 적용될 때, 지나치게 부조리해집니다. 하지만 마르크스에겐 그처럼 빈약한 추론으로도 충분했지요. 자신이 설득당하지 않고선 살 수 없다고 여기는 사람은 그 어떤 것으로도 설득당할 수밖에 없기 때문입니다.

약함 그 자체가 약하게 머물면서 힘을 이룰 수 있다는 생각은 새로운 생각이 아닙니다.[28] 그리스도교적인 생각도 그런 것입니다. 십자가가 그걸 예시하지요. 그런데 그 힘은 강한 자들이 사용하는 힘과는 전혀 다른 종류의 것입니다. 그것은 세계에 속하지 않는 힘, 초자연적인 힘입니다. 이 힘은 초자연적인 방식으로, 결정적으로, 하지만 비밀스럽게, 조용하게, 무한하게 작은 겉모습을 하고서 작용합니다. 이 힘은, 빛을 통해 대중에게 스며들더라도, 대중 속에 거주하지 않습니다. 다만 몇몇 영혼 속에 거주할 뿐입니다. 마르크스는 강한 약함이라는 이 모순은 받아들이지만, 이 모순을 유일하게 해명해 줄 초자연적인 것은 받아들이지 않습니다.

마찬가지로 마르크스는 진실을, 본질적인 진실을 감지합니다. 사람은 정의를 〔…〕할 때만 정의를 파악한다고 그가 이해했을 때 〔여기에서 원고가 멈춥니다.〕

28 『전집』V-1 권의 편집자 주에 따르면, 베유는 조금 앞선 시기에 다음처럼 말한 적이 있습니다. "가장 강한 것보다 무엇이 더 강할까요? 이미 죽은 사람이나 새로 태어난 아이처럼 가장 약한 것들이 그렇습니다. 사슬에 묶인 프로메테우스가 제우스보다 더 강합니다"(『전집』VI-3 권 286쪽).

옮긴이의 말

시몬 베유는 중력과 은총 또는 중력과 빛을 대립시킵니다. 여기 옮긴 두 편의 글에서도 마찬가지입니다. 물론 이 두 편의 글에선 중력 대신 힘이란 말을 사용하지만 말입니다.

중력 또는 힘은 지옥에의 경향성을 갖는 것입니다. 하지만 중력 또는 힘이 지옥 자체가 아니라 지옥에의 경향성일 뿐인 것은 은총이, 또는 빛이 존재하기 때문입니다.

베유가 말하는 은총은 우리에게 외재하는 인격적 신이 자신에게 복종하고 충성하는 사람들에게 특별히 내리는 선물 같은 것이 아닙니다. 저는 그가 말하는 은총이 모두에게 쏟아져 내리는, 그러나 우리가 '자아라는 질병'에 감염돼 깨닫지 못하는 보편적 은총에 가까운 것이라고 생각합니다.

은총과 관련해 베유는 「일리아스 또는 힘의 시」에선 "여기 저기 흩뿌려져 있는 빛나는 순간들"을 말하고, "그 짧고 신적인 순간 속에서 사람들은 영혼을 지"닌다고 합니다. 또 「마르크스주의적 독트린은 존재하는가」에선 "비밀, 침묵, 무한하게 작은 것 속에 머"무는 초자연적인 것을 말합니다.

그는 이 두 편의 글에서 은총 또는 빛에 대립하는 세계의 조직 원리로서의 힘을 다룹니다. 이 힘은 일상의 모든 관계에 존재하는 것입니다. 그래서 빛이 그 속에 존재하지 않는다면, 우리의 모든 관계는 언제나 지옥으로 이끌립니다.

그는 「일리아스 또는 힘의 시」에선 전쟁을 무대로 힘의 속성을 분석하고, 「마르크스주의적 독트린은 존재하는가」에선 인식론적으로 힘에 접근합니다. 「일리아스 또는 힘의 시」에서 그는 "사랑할 수 있고 정의로울 수 있"으려면 "힘의 제국을 인식하고, 힘의 제국을 존중하지 않을 줄 알아야 한다"고 합니다.

"힘의 제국을 인식"해야 하기 때문에, 그는 「마르크스주의적 독트린은 존재하는가」에서 힘 관계에 대한 마르크스의 유물론적 분석 지침을, 많은 유보와 함께, 받아들입니다. 하지만 베유는 "힘의 제국을 존중하지 않을 줄 알"기 위한 능력의 원천을 신비주의에서 찾습니다.

논문의 성격을 가진 이 두 편의 글을 일반적인 관행과는 달리 모두 경어체로 옮겼습니다. 첫째로는, 제가 몇 년 전부터 새로운 인식이나 문제 제기를 전달하는 논문은 다른 어떤 글들보다도 소통을 전제로 하기 때문에 경어체로 쓰는 게 올바르다고 여기고 있기 때문입니다. 둘째로는, 존댓말과 반말의 구분이 없는 프랑스어는 경우에 따라 존댓말로도 반말로도 옮길 수 있기 때문입니다. 셋째로는, "무無에의 동의로서의 무한한 겸손"을 부단히 강조했던 베유가 이 글들을 썼을 때의 자세는 경어체를 사용하는 자세였다고 생각할 수밖에 없었기 때문입니다.

쓰인 그대로 옮겨서는 뜻이 온전히 전달되기 힘든 경우, 접

속사를 추가하기도 했고 의미에 보다 근접하는 단어나 표현을 고르려고 고심했습니다. 지나친 개입을 한 게 아닐까 걱정됩니다. 정성을 들여 번역하려 했지만, 예기치 못한 오역들이 있을까 두렵습니다.

리시올 출판사에서 오래전에 「일리아스 또는 힘의 시」에 대한 번역을 먼저 제안했고, 한 권의 책으로 내기엔 양이 적어 구조가 유사한 「마르크스주의적 독트린은 존재하는가」를 덧붙였습니다. 리시올 출판사에 따뜻한 우정의 인사를 전합니다.

2021년 8월

시몬 베유 연보*

1909

2월 3일 파리 10구역 드 스트라스부르 가街 19번지에서
태어납니다. 아버지 베르나르 베유는 의사이고 어머니 살로메아
베유(결혼 전의 성은 라인헤르츠)는 폴란드에서 태어나 어린 시절
프랑스로 이주했습니다. 두 분 모두 유대인입니다. 1906년에
태어난 오빠 앙드레는 수학자가 되어 부르바키Bourbaki 그룹의
공동 창립자가 됩니다.

1913

10월 가족이 파리 5구역 생-미셸 가 37번지에 정착합니다. 베유
가족은 지방에 거주했던 시기들을 제외하곤 이곳에서 1929년까지
거주합니다.

1919

10월 3일 페늘롱Fénelon 고등학교에 나이보다 두 학년 위로
편입합니다.

    * 이 연보를 작성하면서 『선집』 35~93쪽의 연보, 『전집』 II-3권
323~339쪽의 연보, 『전집』 IV-1권의 서문과 583~591쪽의 연보,
『전집』 V-1권의 서문 그리고 베유의 『노동 일기』(이삭, 1983)와
시몬느 뻬트르망, 『시몬느 베이유, 불꽃의 여자』(까치, 1978)를
참조했습니다. 『시몬느 베이유, 불꽃의 여자』를 번역하신 강경화
선생님과 『노동 일기』를 번역하신 이재형 선생님께 감사를
드립니다.

1925

6월 철학 전공으로 대학입학자격시험에 합격합니다.

10월 고등사범학교 입학시험을 준비하기 위해 앙리 4세 고등학교 상급반에 입학하고, 3년 동안 알랭Alain(본명은 에밀 샤르티에)의 강의를 듣습니다.

1928

10월 윌므 가에 있는 고등사범학교에 입학합니다. 계속 알랭의 강의를 듣습니다.

1929

1월 또는 2월 인권동맹에 가입합니다.

10월 고급연구학위Diplôme d'études supérieures 논문 「데카르트에게서 과학과 지각」을 쓰기 시작합니다.

1930

7월 고급연구학위 논문이 지도교수인 레옹 브렁슈빅Léon Brunschvicg에게서 낮은 점수(11/20)를 받고 통과됩니다.

1931

7월 교수자격시험에 합격합니다. 프랑스 중남부의 르 퓌Le Puy 여자 고등학교 교수professeur로 임명됩니다.

9월 15~18일 노동총동맹CGT 27차 대회에 참여합니다. 토론의 중심 주제는 노동조합들의 연합에 대한 것이었습니다. 베유는 『리브르 포로포』Libres Propos 10월호에 참관기를 씁니다. 프랑스 공산당을 이탈한 노동조합 활동가들이 주축을 이룬 잡지인 『프롤레타리아 혁명』의 관련자들과 친교를 맺습니다.

9월 30일 르 퓌로 이사합니다.

10월 노동조합 활동가들과 밀접한 관계를 맺습니다. 노동총동맹 소속 전국교사노조에 가입합니다.

11월 여러 노동조합의 연합체를 조직합니다. 이는 '22인 그룹'의 결의를 뒤쫓은 것입니다. 노동총동맹과 통일노동총동맹CGTU은 이 결의에 반대합니다. 이후 베유는 여러 노동조합의 단일 노선을 지지하는 입장을 견지합니다.

12월 17일 실업자들과 함께 르 퓌 시의회 회의장에 쳐들어가 발언을 합니다. 베유의 이런 행위는 논란의 대상이 됩니다.

12월 30일 실업자들과 함께 다시 시의회 회의장으로 쳐들어가지만 발언을 하지는 않습니다.

1932

1월 12일 실업자들의 시위에서 경찰의 공격을 받습니다. 신문에서 베유를 '모스쿠테르'moscoutaire(모스크바의 지령을 받는 첩자)로 칭합니다. 하지만 베유는 얼마 뒤 부모에게 보낸 편지에서 "저를 모스쿠테르로 여깁니다. [⋯] 하지만 저는 점점 더 공산주의자들로부터 멀어지고 있습니다"라고 씁니다.

8월 베를린과 함부르크를 여행합니다. 몇 달 뒤 테브농Thévenon 부부에게 보낸 편지에서 "독일을 여행하면서 여태껏 공산당에 대해 그럼에도 갖고 있던 모든 존중심을 잃어버렸습니다"라고 씁니다.

10월 프랑스 중북부의 오세르Auxerre 고등학교로 옮깁니다.

11월 프랑스 공산당의 창립 멤버이고 1924년 축출된 보리스 수바린Boris Souvarine을 만납니다. 수바린이 이끄는 민주주의적 공산주의자 서클에 참여해 사람들과 친교를 맺습니다.

1933

8월 25일 러시아 혁명의 실패를 다룬「전망들. 우리는
프롤레타리아 혁명을 향해 가고 있는가」를 발표합니다.

10월 프랑스 중부의 로안Roanne 고등학교로 옮깁니다.

11월「전쟁에 대한 성찰」을 발표합니다.

12월 2일「소련의 문제」를 발표합니다.

12월 31일 트로츠키가 며칠 동안 베유 가족의 집에 숙식하면서
베유와 격렬한 논쟁을 벌입니다.

1934

5월 수바린이『스탈린』을 탈고합니다. 베유는 수바린을 도와
출판사를 물색합니다.

12월『자유와 사회적 억압의 원인들에 대한 성찰』을 탈고합니다.

12월 4일 파리의 알스톰Alsthom 공장에 노동자로 취업합니다.

1935

4월 5일 알스톰 공장을 그만둡니다.

4월 11일 파리 근교 불로뉴-비양쿠르Boulogne-Billancourt에 있는
바스-앵드르Basse-Indre 철공소에 노동자로 취업합니다.

5월 7일 철공소에서 해고됩니다.

6월 수바린의 책『스탈린』이 출간됩니다.

6월 6일 불로뉴-비양쿠르의 르노 공장에 노동자로 취업합니다.

8월 23일 르노 공장을 그만둡니다. 이로써 공장 노동자 생활을
끝마칩니다.

10월 다시 교직에 복귀해서 프랑스 중부의 부르주Bourges
고등학교로 옮깁니다.

1936

3월~4월 초 부르주 고등학교가 있는 셰르Cher 지역의 농촌에서 노동을 합니다.

6월 10일 「금속 노동자들의 삶과 파업」을 발표합니다.

8월 7일 기자 신분으로 스페인에 도착합니다.

8월 9일 바르셀로나에서 훌리안 고르킨Julián Gorkin을 비롯한 마르크스주의통일노동자당POUM(품)의 지도자들을 만납니다. 내전 발발 이후 실종된, 품의 창설자이자 수바린의 처남인 후아킨 마우린Joaquín Maurin을 찾는 임무를 맡겠다고 제안하지만, 위험하다며 고르킨이 거절합니다.

8월 14~15일 아라공의 피냐Pina에 도착해서 부에나벤투라 두루티Buenaventura Durruti가 이끄는 다국적 아나키스트 중대에 합류하고 군사 작전에 참여합니다.

8월 20일 식사를 준비하는 시간에 끓는 기름이 가득한 냄비에 발을 잘못 디뎌 왼쪽 다리와 발목에 큰 화상을 입고 후송됩니다. 베유의 근시로 인해 생긴 사고입니다.

9월 25일 프랑스에 귀국해서 일 년 동안 학교를 휴직합니다. 그 뒤 자신이 속했던 부대원들이 전멸했다는 소식을 듣습니다.

1937

2월 『프롤레타리아 혁명』에 실린 보고서에서 "공산당에 종속된 노동총동맹이 러시아 국가의 단순한 부속 기관이 됐다는 건 의심의 여지가 없다"고 말합니다.

3월 16일 「트로이아 전쟁을 다시 시작하지 맙시다」를 발표합니다.

10월 프랑스 북부의 생-캉탱Saint-Quentin 고등학교로 옮겨 복직하고, 『일리아스』에 대한 강의를 합니다.

1937년 말~1938년 초 미완성 원고인 「마르크스주의의 모순들에 대하여」를 씁니다. 베유는 이 글의 서두에서 이렇게 말합니다.
"청소년기에 처음으로『자본』을 읽었는데 매우 중요한 공백과
모순 들이 곧바로 눈에 들어왔습니다. 그것들은 너무도
명백했지만, 마르크스주의를 지지하는 많은 뛰어난 정신이 그토록
명백한 비정합성과 공백 들을 파악하지 못할 리 없고 저술들을
통해 해결했으리라고 생각했기 때문에, 저 자신의 판단을
유보했습니다. 하지만 그 후로 마르크스주의 텍스트와 정당
들을 연구하면서 제 청소년기의 판단이 올바름을 확인했습니다.
〔…〕 마르크스, 엥겔스와 그 지지자들의 저술 전체는 독트린을
형성하지 못했습니다." 이런 생각은 1943년에 쓴「마르크스주의적
독트린은 존재하는가」에서 체계적으로 제시됩니다.

1938

1월 중순 심한 두통으로 학교를 휴직합니다.

3월 12일 히틀러가 오스트리아를 합병합니다.

4월 10~19일 솔렘Solesmes 수도원에 체류하면서, 그레고리안
성가를 듣고 "완전한 기쁨"을 느낍니다. 또 젊은 영국인으로부터
조지 허버트를 비롯한 17세기 영국 형이상학파 시인들을
소개받습니다. 파리로 돌아와 조지 허버트의「사랑」을 읽고
큰 감동을 받습니다. 베유는 이 시가 "세상에서 가장 아름다운
시"라고 말합니다.

5월 말~8월 초 이탈리아를 여행하고 스위스를 거쳐 돌아옵니다.

12월 신비 체험을 합니다. 즉 "그 어떤 인간 존재보다도 더
밀접하고 더 확실하고 더 현실적인 〔그리스도의〕 현존"을
체험합니다.

1939

3월 15일 독일군이 프라하에 입성합니다.

3월 말 「평가를 위한 성찰」을 씁니다. 이 글에서 베유는 그동안 견지했던 평화주의를 포기합니다.

4월 7일 이탈리아가 알바니아를 공격합니다.

5월 22일 독일과 이탈리아가 군사 동맹을 맺습니다.

8월 23일 독일과 소련이 불가침 조약을 맺습니다.

9월 1일 독일군이 폴란드를 침공합니다.

9월 3일 영국과 프랑스가 독일에 선전 포고를 합니다.

가을 「히틀러주의의 기원에 대한 몇 가지 성찰」과 「일리아스 또는 힘의 시」를 씁니다.

11월 30일 러시아가 핀란드를 공격합니다.

1940

4월 9일 독일군이 덴마크와 노르웨이를 침공합니다.

5월 10일 독일군이 벨기에와 네덜란드를 침공합니다.

봄 『바가와드 기따』를 읽고 열광합니다. 희곡『구원받은 베니스』를 쓰기 시작했고 또 「최전선 간호사들의 양성 계획」을 쓰기 시작합니다.

6월 13일 베유 가족(베유와 부모)이 파리를 떠납니다.

6월 14일 독일군이 파리에 입성합니다.

6월 17일 프랑스 정부가 사실상의 항복 선언인 휴전 요청을 합니다.

7월 초 베유 가족이 비시에 도착합니다.

8월 말~9월 초 베유 가족이 툴루즈에 머뭅니다.

9월 15일 마르세유에 도착합니다. 곧바로『남부 평론』*Les Cahiers du Sud*과 접촉합니다.『남부 평론』은 독일이 프랑스 중북부를 점령한 이후 비시 정권의 지배하에 놓였던 남쪽의 이른바 '자유 지역'에서 지식인과 작가 들의 중요한 만남의 무대가 되었던 잡지입니다.

시인 장 토르텔Jean Tortel은 『남부 평론』 편집 회의에 참여한 시몬 베유가 특별한 정신적 힘을 가진 여성이었고 일찍 늙어 버렸으며 허리가 굽었고 거의 먹질 않아 깡말랐었다고 합니다.

10월 중순 부모와 함께 마르세유의 아름다운 해변에 접한 카타랑Catanlans 가 8번지에 정착합니다. 피난길에 네베르Nevers에서 우연히 만난 수바린과 1941년 8월 그가 미국으로 떠날 때까지 여러 차례 만나고 또 편지를 교환합니다. 자신의 생각들을 노트에 적기 시작합니다. 이 노트들은 『전집』 VI-1~4권으로 출간됩니다. 귀스타브 티봉Gustave Thibon이 그 가운데 일부를 발췌해 1947년에 『중력과 은총』을 펴냅니다.

12월~1941년 1월 『남부 평론』에 「일리아스 또는 힘의 시」가 실립니다.

1941

연초 앙리 4세 고등학교의 고등사범학교 준비반 동창생인 르네 도말René Daumal을 다시 만나고, 이미 산스크리트어를 공부하고 있던 그를 따라 산스크리트어를 배웁니다.

1월 카타리즘의 절멸을 다룬 「어떤 서사시를 통해 본 한 문명의 최후」를 씁니다.

1월 23일 카타리즘 전문가인 데오다 로셰Déodat Roché에게 편지를 씁니다.

1~2월 「가치의 개념을 둘러싼 몇 가지 성찰」을 씁니다.

4~5월 로베르 뷔르가스Robert Burgass가 이끄는 레지스탕스 조직에 가담한 혐의로 가택 수색을 당하고 여러 차례 경찰의 심문을 받지만 풀려납니다. 베유는 영국에 가기 위한 목적으로, 장

토르텔의 소개를 받아 이 조직에 가입했습니다. 뷔르가스는 4월 25일 체포되어 6년 형을 받고 1943년 감옥에서 죽습니다.

봄 「과학과 우리」를 씁니다.

6월 7일 페랭Perrin 신부를 만납니다. 그 뒤 페랭 신부와 종교적 문제들에 관해 정기적으로 토론을 벌입니다. 페랭 신부에게 농업 노동자로 일하고 싶다는 부탁을 하자, 그는 아비뇽 북쪽에 위치한 생–마르셀–다르데슈Saint-Marcel-d'Ardèche에서 농사를 짓던 가톨릭 작가 귀스타브 티봉을 소개해 줍니다.

6월 22일 독일군이 러시아를 침공합니다.

8월 7일 귀스타브 티봉의 농장에 도착해 농사일을 시작합니다. 티봉과 베유의 관계는 처음엔 많은 어려움이 있었지만 나중엔 밀접한 친구가 됩니다. 티봉은 베유의 첫인상을 "몸이 좀 구부정했으며 퍽 늙어 보였다"고 합니다. 베유는 론Rhône 강가의 낡고 작은 집에 머뭅니다.

9월 10~20일 부모와 함께 시스테롱Sisteron 북쪽에 위치한 르 포에le Poët에 머뭅니다. 『도덕경』을 읽고, 르네 도말과 함께 『우파니샤드』를 공부합니다. 시몬 페트르망과 이틀을 같이 지냅니다. 페트르망은 이때 베유에게서 "좀체로 느낄 수 없던 부드러움과 평온함"을 느꼈다고 합니다.

9월 22일~10월 22일 아비뇽 북쪽에 위치한 쥘리앙 드 페롤라Julian de Peyrolas에서 포도 수확을 합니다.

10월 23일 마르세유로 돌아옵니다.

1942

1월 19일 페랭 신부에게 가톨릭 신자가 되기를 사양하는 편지를 보냅니다. 또 추신으로 세례 받기를 사양하는 편지를 보냅니다.

3월 「옥시타니아적 영감이란 어떤 것일까」를 씁니다.

3월 27일경 『남부 평론』의 편집자인 장 발라르Jean Ballard와 함께
카타리즘의 중심지였던 카르카손Carcassone으로 가서, 1차 대전
때 총상을 당해 하반신이 마비된 작가 조에 부스케Joë Bousquet를
두세 차례 만나고 또 카타리즘 전문가인 르네 넬리René Nelli를
만납니다.

4월 5일 이후 「신에 대한 사랑이라는 관점에서 학과 공부의
올바른 효용을 논함」을 씁니다.

4월 초반 「노아의 세 아들과 지중해 문명사」를 씁니다.

4월 말 「신의 사랑에 대한 무질서한 성찰들」과 「신의 사랑에 관한
무질서한 생각들」을 씁니다. 귀스타브 티봉에게 자신의 생각을
적은 노트들을 맡깁니다.

5월 초 「신에 대한 암묵적 사랑의 형태들」과 「신을 향한 사랑과
불행」의 전반부를 씁니다.

5월 12일 조에 부스케에게 작별의 편지를 보냅니다.

5월 12~14일(?) 페랭 신부에게 작별의 편지('영적 자서전')를
보냅니다.

5월 14일 뉴욕을 향해 출발합니다.

5월 15일경 「주기도문에 대하여」를 씁니다.

5월 18일 알제리의 오랑Oran에 기항합니다.

5월 20일~6월 7일 모로코의 카사블랑카에 기항합니다. 그사이
「피타고라스 학파의 텍스트들에 대한 주해」를 쓰고 또 「신을 향한
사랑과 불행」 후반부를 완성합니다.

7월 6일 뉴욕에 도착합니다. 사회 연구를 위한 뉴스쿨 교수로
있던 자크 마리탱Jacques Maritain을 만나고, 그의 소개로
쿠튀리에Couturier 신부를 만납니다. 베유가 그 후 쿠튀리에
신부에게 보낸 편지가 나중에 「어느 성직자에게 보낸 편지」라는
제목으로 출간됩니다.

7월 28~30일 런던에 있는 프랑스 망명 정부('자유 프랑스')에
참여하기 위해 자크 수스텔Jacques Soustelle과 모리스 쉬망Maurice
Schumann에게 편지를 씁니다. 수스텔은 고등사범학교에서 약간의
면식이 있었던 인류학자로 망명 정부 중앙정보행동국BCRA의
책임자이고, 모리스 쉬망은 앙리 4세 고등학교에서 알랭의 수업을
같이 들은 후배이자 망명 정부의 대변인입니다. 결국 이들의
도움으로 베유는 런던의 망명 정부에 참여하게 됩니다.

10월 나중에『초자연적 인식』이라는 제목으로 출간되고 다시
『전집』VI-4권을 이룰 노트들을 씁니다.

11월 10일 영국으로 출발합니다.

11월 25일 리버풀에 도착합니다. 신원 조사를 위해 18일 동안
억류됩니다.

12월 14일 런던에 도착합니다. 이후 망명 정부 내무부의
기안자起案者, rédactrice로 임명되어 여러 위원회에서 올라오는
보고서를 분석하고 논평하는 일을 맡습니다. 하지만 상급자인
프랑시스–루이 클로종Francis-Louis Closon은 그 후 베유에게 쓰고
싶은 글들을 자유롭게 쓰게 합니다. 그리하여 베유는『뿌리내림』,
「모든 정당의 폐기에 대한 노트」,「마르크스주의적 독트린은
존재하는가」를 비롯하여 전후 프랑스의 재건에 관한 여러 편의
글을 씁니다. 그 가운데「반란에 대한 고찰」은 프랑스에 전국
레지스탕스 위원회를 결성하는 데 기여합니다. 하지만 베유의
대부분 글은 사람들에게 비현실적으로 여겨집니다. 법학자이자
국회의원이었고 망명 정부 노동부 위원이었던 앙드레 필립André
Philip은 베유의 글들이 구체적이지 않다고 합니다. 베유는 또
「개인성과 성스러움」 같은 중요한 신학적인 글도 씁니다.

1943

1월 런던 도착 이후 자원 활동가들의 숙소에 머물다가, 런던 홀랜드 파크 북쪽의 빈민 지역인 포틀랜드 가 31번지 프랜시스 부인 집 위층에 방을 구합니다. 프랜시스 부인과는 다정한 친구가 되고, 부인의 두 아들인 열네 살 데이비드와 아홉 살 존은 공부를 돌봐 준 베유를 무척 따릅니다. 베유는 프랑스에 낙하산을 타고 침투해 활동하길 원하지만, 클로종은 다른 사람들까지 위험에 처하게 할 수 있다며 거절합니다.

2월 중순~3월 중순 고등사범학교에서 알게 된 수학자이자 과학철학자 장 카바예스Jean Cavaillès를 다시 만납니다. 카바예스는 프랑스에 잠입하고 싶어 하는 베유를 만류합니다. 카바예스 자신은 레지스탕스의 일원으로 1944년 독일군에게 처형됩니다.

4월 15일 방에서 의식을 잃은 채 발견되어 런던의 미들섹스Middlesex 병원에 입원합니다. 폐결핵 진단을 받습니다.

5월 말 산스크리트어로 『바가와드 기따』를 읽습니다.

7월 26일 헤게모니를 가지려는 드골주의의 흐름에 반대해서, 클로종에게 사직서를 보냅니다. 드골주의에 관해 모리스 쉬망과 격렬한 논쟁을 벌입니다.

8월 17일 켄트Kent주 애슈퍼드Ashford에 있는 그로브너Grosvenor 요양원으로 옮깁니다. 창밖의 경치가 좋아 "아름다운 방에서 죽게 되었다"고 말합니다.

8월 24일 밤 10시 반경 심장 마비로 죽습니다.

8월 30일 애슈퍼드에 있는 가톨릭 묘지에 시신이 묻힙니다. 모리스 쉬망, 프랜시스 부인, 클로종 부인, 쉬잔 아롱Suzanne Aron 등이 장례식에 참여합니다.

일리아스 또는 힘의 시

1판 1쇄 2021년 11월 30일 펴냄
1판 2쇄 2021년 12월 31일 펴냄

지은이 시몬 베유. 옮긴이 이종영. 펴낸곳
리시올. 펴낸이 김효진. 제작 상지사.

Copyright © 이종영 2021

리시올. 출판등록 2016년 10월 4일 제2016-
000050호. 주소 서울시 마포구 희우정로
16길 39-6, 401호. 전화 02-6085-1604. 팩
스 02-6455-1604. 이메일 luciole.book@
gmail.com.

ISBN 979-11-90292-12-2 93100